《キャリアデザイン選書》

多文化教育 I

山田 泉

法政大学出版局

はじめに──この本について

　この本は，主として法政大学キャリアデザイン学部の授業『多文化教育 I /異文化適応と教育 I（以下，多文化教育 I）』の教科書として使用するために執筆しました。キャリアデザイン学部は，この後の本文「履修案内」を見ると分かりますが，2003 年度に，生涯学習社会において一生を通して自律的な学びを続けるための「学び方を学ぶ」ために設立された「生涯学習」のための学部です。

1) 日本語教員養成科目群と『多文化教育 I』
　この学部には，生涯学習社会での「多文化教育としての日本語教育」を担う日本語教員養成のための科目群があります。この科目群は，それぞれの科目を受講して，日本語教員の道を目指すことも期待しますが，それだけではなく，これからの時代の生活や仕事を通じて，文化の違う人々とかかわり，ともに違いから学びながら成長するための意識や基本的能力（多文化能力 multicultural competence）を身につけることを目指しています。ですから，日本語教育といっても，言語の教育だけでなく，多文化コミュニケーション教育という視点を大切にしています。
　『多文化教育 I』の授業は，この日本語教員養成科目群の一つです。2 年次春学期から履修でき，秋学期の『多文化教育 II /異文化適応と教育 II（以下，多文化教育 II）』とともに，「文化」とは何かを考え，文化の違いをどうとらえ，その違いをいかに学びの資源（リソース resource）とするかを，参加体験型で学ぶものです。そのために受講学生がグループに分かれ，毎回のテーマについて，自分たちで調べて発表する活動も含まれています。

2) 授業場面を模した書き方
　この本は，そのような参加体験型の授業が模擬的に体験できるように，生の

授業の展開に近い形で執筆しました。おそらく読み出してはじめのころは慣れないのでいささか戸惑う読者もいらっしゃることと思います。しかし，実際にこの授業を受講しないかたにも，『多文化教育Ⅰ』を受講している気分を味わっていただけたらと思います。高校生以上のかたであればどなたも読んでいただけると思います。また，実際にこの授業を受講している学生には，これを読んでいることを前提に，各回のテーマに関連した別のエピソードや追加の理論，概念などを紹介したり，ディスカッションの時間を多く取ったりしたいと思います。

3) 多文化能力の養成

　現在の日本社会は，経済のグローバル化もあって，大人から子どもまで，何かに追われながらも，出口の方向さえ分からないといった閉塞感に襲われている人たちが少なくないように思われます。それは，日本だけではないかもしれません。また，前世紀からの急速な経済活動の発展が，資源の枯渇や「地球温暖化」に象徴されるさまざまな自然環境の破壊を進めています。同時に，生み出された富の収奪や利権の独占など国家間や地域間での戦争，紛争が至る所で起こっています。先進国，新興国，途上国，それぞれが克服しなければならない課題が山積しています。まさに，人類全体につきつけられた前世紀からの負の遺産が，ふくれあがって，人類の生存そのものを脅かしかねないところまできているように感じられます。

　これら負の遺産は，人類社会が自分たちで作ったものであり，自分たちで克服していくしかありません。そのためには，国や文化を超えて，人々が協力し合い，知恵を出し合って，ともに連携していく必要があります。解決の方向を探っていくためには，あらゆる人が同じ人間として共感でき誠実に話し合うことが大切です。そのために必要となるのが，多文化コミュニケーションであり，多文化能力だと考えます。

4) この本の使い方

　この本は，高邁な理論というより，具体的な事例やエピソードを紹介し，そこから読者自身に自分なりの理論を作っていただくといったものです。また，

一人で読んでいただく場合も，自分に問いを出しながら，一人でディベートをして，なんらかの仮説を立て，さらに考えていくための素材といった形で利用していただければと思います。また，複数の人で読んで，ディスカッションの素材としていただければ，よりありがたいです。この本で扱ったことは，人類につきつけられた負の遺産を克服する方法と同じく，模範解答など用意されていないものばかりです。さまざまな角度から検討し，回答の方角を模索し，その方向に一歩でも近づければよしとするしかないことばかりです。

5) この本の読者に伝えたいこと

この本では，文化を比喩的に「世界の見方」といっています。人の数だけある世界の見方が，人間としての互いの共感と信頼感の上で，違いから学び，突然変異的にこれまでどこにも存在しなかった「第三の世界の見方」を生むことで，負の遺産の克服に近づくことができるかもしれません。それには，異文化と積極的にかかわり，違いから学び，自らが変わり（自己変容），社会を変えていく（社会変革）能力である多文化能力を養成する多文化教育の役割は重要です。この本では，多文化教育と日本語教育との接点を示したいと考えました。

以上述べたように，わたしのこの本に込めた思いは盛りだくさんですが，いかんせん，わたしの能力がそれに及ばないことが残念です。読者の皆さんには，忌憚のないご意見をいただければ，次回のチャレンジに生かしたいと思います。よろしくお願いします。

目　次

はじめに──この本について　iii
　1)　日本語教員養成科目群と『多文化教育 I』　iii
　2)　授業場面を模した書き方　iii
　3)　多文化能力の養成　iv
　4)　この本の使い方　iv
　5)　この本の読者に伝えたいこと　v

0　履修案内：キャリアデザイン学部での学びと文化・コミュニティ領域　1

1　キャリアデザイン学部での学び　2
2　キャリアデザイン能力養成と人的ネットワーク　3
　1)「歴史」に位置づけられるネットワーク　3
　2)「社会」に位置づけられるネットワーク　5
3　共感力の養成と参加体験型学習　6
　1)　キャリアサポート実習　6
　2)　お母さんは「いる」のではなくて「なる」のですね　7
　3)　人と人との社会的つながりと「共感力」　8
4　「ライフキャリア」という領域　8
　1)　学びの三領域　8
　2)　ライフキャリア領域の位置づけ　10
　3)「多文化教育」の位置づけ　11

1　オリエンテーション　13

はじめに──授業担当者の思い　13
1　授業説明　15
　1)　授業の目的及び概要　15
　2)　テキスト・参考文献　16
　3)　授業計画　16
　4)　授業方法・成績評価方法　17

        5）学生へのメッセージ　17
　　2　次回授業の頭出し　17
        1）文化と「世界の見方」　18
        2）人々の「世界の見方」と帰属社会　19
        3）履修希望者への注意（次回に向けて）　22

2　アイデンティティと文化　27

　　1　社会における文化集団間の葛藤　29
        1）異文化接触とアイデンティティ　29
        2）「郷に入っては郷に従え」と多文化共生　30
        3）文化の相違と社会的力関係　31
        4）自分の文化が一番　33
　　2　帰属社会とアイデンティティ　34
        1）帰属意識と愛国心（パトリオティズム patriotism）　34
        2）帰属意識と故郷の言葉　36
        3）自己主張と個人の協調　37
　　3　自分らしさとアイデンティティ　39
        1）文化の相違とアイデンティティ　39
        2）国境とアイデンティティ──
                エピソード1：国境を越える若者たち　40
        3）国境とアイデンティティ──
                エピソード2：元特攻隊員の社会科教師　41

3　「文化」とは何か　45

　　1　多文化理解クイズ　46
　　2　文化の相違とその克服法　53
        1）トレランスとエポケー　54
        2）文化の違いの調整　55
        3）第三の文化の創造　57
        4）帰属社会の文化から自らの文化をずらす　61
　　3　「文化」の定義　62
        1）個人の文化と集団の文化　62
        2）この授業での文化の定義　63

4 文化相対主義　69
1 集団主義の文化と個人主義の文化　69
1) 個人と集団　70
2) 心の中の国境線　75
3) 学ばされる文化　76

2 文化相対主義　78
1) 文化の相違　79
2) 文化の優劣　80
3) 文化相対主義　83

5 文化と「言語」　85
1 言葉と文化の関係　85
1) 「言語と文化」から思い浮かぶもの　86
2) 言葉によって見える世界　87

2 日本文化と言葉　89
1) 日本語の「敬意（待遇）表現」　89
2) 文化庁の「敬語の指針」　91
3) 日本語に表れるジェンダー観　94
4) 言語の変化と社会的評価　96

6 言語コミュニケーション（バーバル）・非言語コミュニケーション（ノンバーバル）　101
1 コミュニケーションとそのメディア　101
1) 表現によって伝えているもの　102
2) 日本人の表現の一特徴　104
3) 言語（バーバル）コミュニケーション要素と非言語（ノンバーバル）コミュニケーション要素　105

2 非言語（ノンバーバル）コミュニケーション　106
1) 二者間のメッセージ伝達と媒体　106
2) 九つの非言語（ノンバーバル）メディア　106
3) 非言語（ノンバーバル）コミュニケーションの差異化の4大要因　107
4) 言語コミュニケーションと非言語（ノンバーバル）コミュニケーションの関係　108
5) 非言語（ノンバーバル）コミュニケーションと先入観　108
6) 非言語（ノンバーバル）コミュニケーションの習得　109
7) 言語と世界観　109
8) 非言語（ノンバーバル）コミュニケーション能力の女性優位　110
9) 非言語（ノンバーバル）コミュニケーションの文化による相違　110

3　非言語(ノンバーバル)コミュニケーションの九つの要素　111
　　　　1)　人　体　111
　　　　2)　動　作　112
　　　　3)　目　113
　　　　4)　周辺言語　114
　　　　5)　沈　黙　114
　　　　6)　身体接触　115
　　　　7)　対人空間　115
　　　　8)　時　間　116
　　　　9)　色　彩　116

7　社会参加と言語運用能力──リテラシーとディスコース　119
　1　社会参加の手段としてのリテラシー　119
　　　1)　リテラシーと社会的力関係　120
　　　2)　現実的な対応　121
　　　3)　キャリアデザイン学部と「生涯学習社会」　122
　　　4)　リテラシー（識字）という概念　123
　　　5)　キャリアデザイン学部の学生に　125
　2　社会階層とディスコース　127
　　　1)　女性／男性のディスコース　127
　　　2)　文体のディスコース　130
　　　3)　多文化教育からの示唆　132

8　社会参加と言語・文化──言語・文化的マイノリティ　135
　1　言語的マイノリティとはだれか　136
　　　1)　リテラシーとディスコース　136
　　　2)　言語的マイノリティの多様なカテゴリー　138
　2　ニューカマー住民に対する日本語学習権の保障　139
　　　1)　日本語学習権が保障されない理由　140
　　　2)　日本語を学ぶということ　141
　　　3)　相互学習としての生涯学習　143

9　日本社会のマイノリティ問題・事例学習1
　　　──外国につながる子ども　147
　1　今日本社会で起こっていること　148

2 学校教育と学力　149
　　　1)「生活言語」と「学習言語」　149
　　　2) 学校教育での学習言語習得のためのレディネス　152
　　　3) 外国にルーツを持った子どもの日本語学習言語の習得　153
　　　4) 外国につながりを持つ子どもの「低学力」　155
　　3 外国につながりを持つ子どもたちと日本の学校文化　156
　　　1)「みんなと一緒」の文化　156
　　　2) 外国につながる子どもたちの葛藤　157

10 日本社会のマイノリティ問題・事例学習2
　　　　──結婚移住女性　161

　　1 ある地方都市でのアクションリサーチ（参与観察）　162
　　2 ある農村の状況1（わたしが中学生だったころ）　162
　　　1) 日本の経済高度成長期　162
　　　2) 高度経済成長期の農村　163
　　3 ある農村の状況2（わたしが40歳代半ばだったころ）　165
　　　1) 30年という時間の流れ　165
　　　2) Sちゃんの人生　166
　　4 ある地方都市の国際結婚　167
　　　1) アジアの途上国からの出稼ぎ女性　167
　　　2) ある地方都市の場合　168
　　　3) 結婚移住女性　169
　　5 日本全国の結婚移住女性　171
　　6 韓国の結婚移住女性の受け入れ　172
　　　1) 韓国における外国人施策　172
　　　2) 韓国のある結婚移住女性支援活動の事例　173

11 日本社会のマイノリティ問題・事例学習3
　　　　──移住労働者　177

　　1 日本の移住労働者受け入れ議論の変遷　179
　　　1) 戦後経済復興期のヨーロッパと日本　179
　　　2) 日本社会の移住労働者受け入れの議論　179
　　2 日本の「単純労働」現場への外国人受け入れの変遷　182
　　3 移住労働者受け入れ制度整備とコスト　184

  4　日本の採るべき道――もう一つの経済政策　186

12　教場レポート：振り返り――違いを豊かさに　191
 1　この授業で受講学生の皆さんに養成してほしかったもの　192
 2　体験と学び　193
 3　教場レポートの課題と本授業の振り返り　195
  1) レポート課題の解釈　195
  2) 帰属集団の文化と自らの文化との関係を知る　197
  3) 人間としての共通性を信じる　198
  4) 異文化は自らの世界の見方を広げる学びになる　199
  5) 集団の文化を変える　199
  6) 多文化教育の重要性　200

文献等　202
ホームページ等 URL　203
索　　引　209

おわりに　205

0

履修案内
キャリアデザイン学部での学びと文化・コミュニティ領域

　学生のみなさん，この教科書を手に取ってくれて，ありがとう。この教科書を見てくれたということは，「多文化教育 I / II」の履修を考えてくれているのでしょうか？　この授業は，後で説明するキャリアデザイン学部の学びの三領域のうち「ライフキャリア」領域に軸足を置きつつ「発達・教育キャリア」領域にもまたがる分野に属しているものです。

　まず，この「履修案内」では，キャリアデザイン学部での大学生としての学びとは何かについて，みなさんと共通の認識を持った上で，この学部の学びにライフキャリア領域での学びがどのように位置づけられているかを説明します。この説明を読んだ上で，「多文化教育 I / II」を履修することを検討するということでしたら，第1回の授業ではオリエンテーションをしますから，それに出て履修するかどうか最終決定をしてください。本学でも GPA（Grade Point Average：成績の平均を0〜4のグレードで示し，その合計を科目数で割った平均値で，世界共通の学力指標とするもの）が導入されていることは知っていると思います。授業の内容が自分が期待していたのと違うからといって，途中で履修放棄してしまうと「0」評価となってしまいます。これは，将来外国に留学したいなどと思っても，相手校によっては，受け入れの成績基準を満たさないので，留学がかなわないといったことにつながりかねません。注意してください。

　第1回の授業は必ず出席し，オリエンテーションを受け，授業内容が学びたいものかどうかをしっかり判断して，履修するかしないか決めてください。そんな人はいないと思いますが，自分のアルバイトやサークル活動などを優先させて，時間割の空いたところで授業を取る，あるいは，内容に関係なく単位の

取りやすいという授業を取るといった本末転倒な履修のし方は，学生としての自らを裏切る行為だということは，賢明なみなさんは理解されていると思います。

　言わなくてもいいことを言ったみたいですね。みなさんのわたしを見る目を感じます。老婆心でした。ごめんなさい。

1　キャリアデザイン学部での学び

　「キャリアデザイン」を人生の設計と考えると，キャリアデザイン学部で学ぶ目的は，自らの人生を設計し，一生を通して歩みながらも，学び続け評価・検証しながら必要なときには設計し直していくための能力を養成することです。さらには，ほかの人の同様な人生設計の支援ができる能力をつけることも目指しています。

　キャリアデザイン学部の英語名称を知っていると思います。The Faculty of Lifelong Leaning and Career Studies といいます。Lifelong Leaning は，日本語でいうと「生涯学習」ですね。もともとこの学部の日本語名称を「生涯学習社会学部」としようとしたようです。これからの社会を「生涯学習社会」ととらえて，人々が絶えず学び続け変わっていき（自己変容し）ながら，社会をよりよく変え（社会変革し）ていく資質・能力を養成する学部で，社会人の学び直し（リカレントエデュケーション recurrent education）も目指しています。

　ただし，本学にはすでに社会学部があるので，学部名の最後に「社会学部」がつくと紛らわしいということがあり，キャリアデザイン学部というカタカナ語の学部名となりました。つまり，本キャリアデザイン学部は生涯学習と人生設計を結びつけて考究する学部ということになります。

　わたしは，2003 年 4 月にこの学部ができたときほかの大学から異動しました。以前いた大学の同僚からは，キャリアデザインという言葉のイメージからか，「大学が就活予備校になるのか」と揶揄されました。しかし，上のように深いところから学び，絶えず自らを作り直す能力を養成することは，結果的に企業で働いたり，公務員，教員，NPO 職員などとして働いたりしても，それぞれの職務においてその力を発揮することに役立つでしょう。また，職業人として

でなくても，家庭人やコミュニティの一員としての役割を果たす上でもその力は必要なはずです。これら一人一人がそれぞれの役割においてその力を発揮することが，社会をよりよいものに変革していくことにつながるはずです。

ではそのような資質・能力はどのようにしたら身につくのでしょうか。

ここからは，わたしが考える「キャリアデザイン能力」の養成のために何が必要かについて述べます。本学部の教職員・学生でも一人一人のキャリアデザイン観はかなり違いがあると思います。ですからその能力養成観も違います。ただ，わたしは，その「違い」を尊重したいと考えます。いまだキャリアデザイン学という学問の確立を目指して歩み始めたばかりのこの若い学部では，さまざまな理念や内容，方法などを用いて，それぞれの教科はその実践例の一つとしての「授業」という形で試行して，学生とともにキャリアデザイン学確立の方向性を模索する時期にあると思っています。ですから，各教員の研究者としての専門を，各人が考えるキャリアデザイン学という新たな学問で組み立て直す作業の途上にあるわけです。そしてそれぞれの組み立て直しにほぼ目途がついたとき，それらを統括して，キャリアデザイン学という新たな学問領域の全体像がなんとか姿になってくるはずだと考えています。

2 キャリアデザイン能力養成と人的ネットワーク

わたしは，キャリアデザイン能力養成は，これから紹介する二つの人的ネットワークの上に現在の自分を位置づけることから始まると考えます。それと，もう一つ，そのための基本となる人とつながるための中心能力である「共感力」を鍛錬することが大切だと考えます。

二つのネットワークのうちの一つは，家族を中心とし過去から未来に続く，自身を接点とした，身近な人々の「歴史」の上に位置づけられるネットワークです。もう一つは，今現在，自身と日々の営み等でつながっている人々の「社会」の上に位置づけられるネットワークです。

1)「歴史」に位置づけられるネットワーク

このことを説明するために，ちょっと話がそれるように思われるでしょうが，

筆者が担当する別の授業科目の内容を紹介します。それは2011年度まで行っていた「2年生ゼミ」と呼ばれている「キャリアデザイン学基礎演習（アイデンティティ形成）E/F」です。

　「E」は春学期の授業で，まず臨床哲学者である鷲田清一の『じぶん・この不思議な存在』(1996年　講談社現代新書) という文献のグループによる輪読によって，「じぶん」とは何かという根元的問いについて，「他者」との関係性の中に回答を探していきます。もちろん文献を読むだけではなく，グループやクラス全体での討論などでも問題を深め考えていきます。6, 7回ほどの文献購読が終わりに近づくころ，次の「自らの身近な人へのインタビュー」の準備に入ります。「身近な人」とは，多くの場合親や親族などで，学生一人一人がインタビューという形でじっくりと時間をかけて，「身近な人」にこれまでの人生を語ってもらいます。学生自身と接点のある家族内でのできごとを回想してもらうだけではなくて，その人の生まれてから現在に至る人生を語ってもらうというものです。

　このような授業で，インタビューをする課題が出るなどしないかぎり，親など身近な人の人生について，改まって話を聞くという機会は持ちにくいのではないでしょうか。その機会がないのは，たいへんにもったいないことです。人生で最も嬉しかったこと，辛かったこと，人生の転機，学生時代の夢，挫折とその克服等々，身近な人の人生の歴史の上に自らの歴史がつながっていることを理解することは家族の歴史という座標軸に自らの位置を設定することになります。さらには，それぞれのできごとについて当事者の思いを聞くことは，当事者が自身の人生の節目節目でしてきた「自己分析」のし方を学ぶことでもあるのです。これらは，自らのこれからの人生を設計し，歩み，分析し，修正する上で，大きな資源となるに違いありません。インタビューから得られたことで可能な部分をクラス全体に発表してもらい，最終的には，文献とインタビューで学んだことをもとに，これから自らが主体となって自らをどのように作っていこうと思うか，期末のレポートにまとめてもらっています。

　これまで，ある50歳代の社会人学生が80歳代の親を郷里に訪ねてインタビューをしたということもありました。この学生も含め，はじめは「何のために？」と消極的だった学生のほとんどが，インタビューをし終わった後で，し

てよかったといっています。これは、わたし自身が家族とともにわたしの老母を引き取って3年ほど介護し、見送ったときの経験にもよっています。自らにとってかけがえのない人の人生をその思いとともに聞いておくことは、双方の自己実現を進める上で大切な意味を持つと考えます。

2)「社会」に位置づけられるネットワーク

「F」は秋学期の授業で、こちらもまず文献購読によって、人間形成はそれぞれが属する社会によって違うということを、これまでは日本と英国とアメリカという三か国間で見ていきました。自らの「世界の見方」が人の数だけある「世界の見方」の一つだということに気がついてもらいたいからです。さらには、帰属社会が同じだと「世界の見方」が似ているということなども理解し、社会の「文化」と個人の「文化」の関係にも関心を持ってもらいたいと思います。「F」の授業の後半も春学期「E」と同じくインタビューですが、相手を自らのロールモデルとなるような、ちょっと年上の先輩か同輩とします。これによって、どんな人もいろいろな人との支え合いや協働など、関係性の上に生きているという実感と、自らもまたそれらの関係性の「結び目」(結束点)にあることを理解し、その中で自らが担うべき等身大の役割を自覚することを期待しています。その役割を全うすることがより大きな自分の形成につながります。こちらもインタビューをする側(インタビュアー)にもインタビューをされる側(インタビュイー)にも、自己実現への過程を歩む上で大きな意味を持つと考えます。その後の発表とレポートは「E」と同様です。

「E」の授業は、「歴史」に位置づけられるネットワークという座標軸上に自らの現時点での位置を設定することを目標としています。また「F」の授業は「社会」に位置づけられるネットワークの座標軸上に自らの現時点での位置を設定することを目標としています。これら二つのネットワークの座標軸上に自身の位置を刻むことは、その後自らが目指すべき方向を定めていくための拠り所となるはずです。

またこれらの活動を通じて、人はみな人生を生きるべく運命を背負った存在としては同質でありながら、その「世界の見方」が異なっている存在としては異質であることを理解してほしいと思います。そのためには、インタビュイー

やクラスメイトと互いに共感し学び合えることが必要です。逆にこれらの活動を通した相互の学びによって共感力が高まるはずです。

3 共感力の養成と参加体験型学習

　さて，キャリアデザイン学部では，「体験型ペア科目」という選択必修科目が8ペアあります。近年，教育の世界では，「参加体験型学習」とか「参加型学習」，「体験型学習」などという言葉で表す学び方が提唱されています。もともと理系の学問では，実験や観察など実際の状況を作ったり，そこに身を置いたりして，実証的に学ぶことが多かったのですが，文系の学問でも机の上，教室，学校という現実から離れた場所で学ぶだけでなく，現実の世界に身を置いて学ぶということの重要性が指摘されるようになりました。

　また，理論を学んでから現場でそれを応用しながら検証するという演繹的な学びだけでなく，まずなんらかの問題意識を持って現場に入り，実際の問題を見つけて，それを先行の学問知見をも参照して分析し，克服に向けて自らの仮説を作るという機能的学習も大切といわれています。本学部の科目にはこのような機能的で参加体験型の科目，あるいは一部にそれを取り入れた科目が，体験型ペア科目のほかにも多くあります。それも，直接，人とかかわる活動をするものが多くあります。上の「キャリアデザイン学基礎演習（アイデンティティ形成）E／F」も含めて，このような人とかかわることを通しての学びによってこそ「共感力」の鍛錬が可能と考えるからです。

1) キャリアサポート実習

　体験型ペア科目の一つに「キャリアサポート事前指導」と「キャリアサポート実習」があります。この科目は，ソーシャルネットワーキングスキル（社会的ネットワーク構築技能）の養成を目的とした科目です。まず「キャリアサポート事前指導」は，ワークショップ形式の授業で，さまざまな視点から人とかかわる訓練をします。次の「キャリアサポート実習」では，学内外の「現場」に出かけていって，人や機関等に対するサポート体験を3回してきて，そのつどレポートを書いて担当教員とキャリアサポートアドバイザーからコメントをも

らうというものです。3回が終わったところで，参加者どうしが自らのサポート体験で何を学んだかを発表し，相互にコメントし合います。この活動において人とかかわるあらゆる場面で最も重要なことは，「自分にも，人にも誠実に」ということだと気がつきます。相手の気持ちも十分に斟酌しながら，自らの思いを丁寧に伝えることが必要です。共感とは相手におもねることでも，相手の思いを自分なりに解釈してよしとすることでもありません。まさに共通理解の上に成り立つ感情です。そこに到達するためには，多くの場合，互いに相当の努力が必要になります。

2) お母さんは「いる」のではなくて「なる」のですね

　ある女子学生がこの実習で，児童館に行って，午前中は母親学級の見学と手伝いをし，午後は学童保育で子どもたちの相手をしてきました。そのことを書いたレポートですが，わたしは次の言葉に電撃的なショックを感じました。それは，「お母さんは，「いる」んだと思っていましたが，「なる」んですね」というものです。午前中の母親学級で，小さい子を連れた新米の母親が集まって，保健婦さんの司会で，いろいろな悩みや相談事を出し合って，互いにアドバイスをしたり，保健婦さんの意見を聞いたり真剣にやりとりをしていたのだそうです。それを見ていて，その学生は普段自分のうちで，母親と子どもという関係を当然のこととして，自分の母親が「母親である」ということを特別に意識していなかったことに気がついたといいます。

　この学生は，児童館での試行錯誤で子育てをしている「当然でない」母親たちとの出会いから「母になる」過程を実感したのだと思われます。それによって母親になるために葛藤し努力している女性に共感し，翻って，「いる」存在と思っていた自分の母親にも共感したのだと思います。さらには，「母親」になるかもしれない将来の自分にも共感しているといえるでしょう。

　本学部では，人とのかかわりから学ぶ種々の参加体験型の科目で，このような共感力を養成していきたいと考えます。そして，この共感力こそ，今の時代に失われつつあるといわれる「社会力」の核を形成するものではないかと思います。

3）人と人との社会的つながりと「共感力」

　最近，新聞の投書などで若者の電車の乗り降りのマナーに対する指摘が目につきます。降りる人がいるのにドアの真ん中から乗り込んできたり，そうかと思うと発車間際になってから乗ってくる人と逆行して降り出す人がいたりと，若者の社会性がないという指摘です。わたしもこのことは気になっていましたが，昔のマナー違反と今のマナー違反は根本的に違うように思います。昔はマナーをわきまえない子どもっぽい若者の行動だったものが，今は公共の場で他人と人としての関係性が意識できない孤立した若者の行動なのではないかと思うからです。かつてあった封建主義共同体的「世間」[*1]が消えていきつつありながら，いまだ民主主義市民社会的「公共」が生み出されていない間（はざま）で，若者が人と人との社会的関係性が作れない状況におかれているのではないでしょうか。まあ，このことは中年や老年にもあることですが。

　キャリアデザイン学部の参加体験型の授業を通して，身近な人から他人まで，さまざまな人とかかわりながら共感力を鍛錬し，自らが種々の人的ネットワークでしっかりとつながっていることを実感してもらいたいと思います。そのネットワークの最も大きなものが人類社会であり，その一員としての責任を自覚し，その上に民主主義市民社会的「公共」を作り出す主体の一人となってほしいと思います。もっとも，キャリアデザイン学部の学生は，「口数が多い」とか「イベントを企画するのが好き」とかいわれるので，人とかかわることが身についている学生が少なくないのだと思います。あとは，それが生きていく上での「知的豊かさ」と結びつけていけるかどうかです。

4 「ライフキャリア」という領域

1）学びの三領域

　いよいよ，この学部の学びにライフキャリア領域での学びがどのように位置づくかの説明に入りますが，その前に具体的にキャリアデザイン学部で学ぶ科目の構成について述べます。当然学生のみなさんは，入学早々の集中オリエンテーションから始まって，1年次生のホームルームとでもいうべき本学部専任教員による「基礎ゼミ」の必修授業でさんざん聞かされてもう暗記しているか

もしれませんね。ただ，大切なことなのでもう一度確認しておきます。

　本学部の科目は，「発達・教育キャリア」と「ビジネスキャリア」と「ライフキャリア」という三領域とそれぞれが重なった学際領域に属しています。そのそれぞれの領域が上で述べたようなキャリアデザイン学を目指した理念と方法論で味つけされているわけです。野菜や魚介類や肉といった素材をカレー粉で味つけていると考えると分かりやすいかもしれません。将来，キャリアデザイン学が学問分野として確立したときには，発達・教育キャリア，ビジネスキャリア，ライフキャリアは溶け合って，キャリアデザイン学という一つの料理になるでしょう。その中に新たな具材を入れると，その具材もキャリアデザイン学という味に加わるというわけです。

　これら三つの領域はそのベースにある「生き方研究」というものの上に載っていると考えます。これは生涯を通じて続けられる人生の設計・再設計の基本

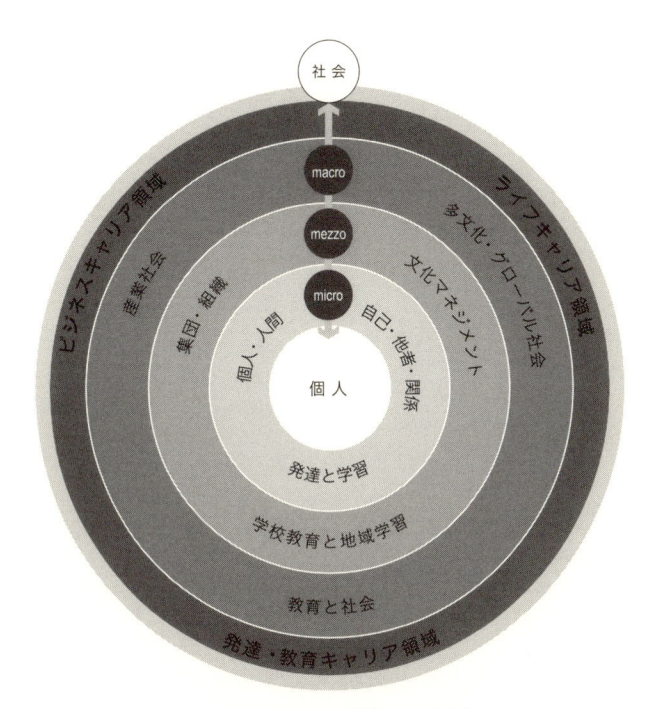

キャリアデザイン学部の三領域

となるカレーのルーのようなものです。「人間学」といっても「人生学」といってもよいでしょう。このルーが三つの領域とその重なった部分にしみ込み，それぞれの領域がキャリアデザイン学らしくなるということです。

2) ライフキャリア領域の位置づけ

さて，それでは，キャリアデザイン学部の学びにおけるライフキャリア領域の意味について考えたいと思います。「ライフキャリア領域」というのは，2003年度の学部創設から2011年度まで「文化・コミュニティ領域」と呼んできたものです。

「キャリアデザイン学基礎演習（アイデンティティ形成）F」の授業説明で，「世界の見方」ということをいいました。この「世界の見方」と文化やコミュニティとの関係については，この「多文化教育Ⅰ/Ⅱ」でいろいろな角度から分析して発表してもらいますので，大雑把に説明しておきます。かりに，一人一人の「世界の見方」というのが個人の「文化」だとしておきます。そしてその「世界の見方」は自然にできあがるのではなくて，自らが属するコミュニティ（社会的帰属集団）の文化によって学ばされてきたものです。それは喜怒哀楽の感じ方のような情意的なものまで，「こういうときは悲しいものです」，「こういうときは楽しいものです」といった具合に教え込まれているのです。個人は複合的に種々のコミュニティに帰属していて，それぞれの帰属社会の文化に強く影響される形で個人の文化が形成されているといえます。上で指摘した「歴史」と「社会」とそれぞれに位置づけられたネットワークもここでいうコミュニティの一つです。もちろん一般的なのは地域コミュニティとか会社や学校など組織コミュニティといったものでしょう。

キャリアデザイン学部で学ぶライフキャリア領域は大きく三つに分けられると考えます。そのうちの一つは，個人が属する社会集団と個人の関係を「世界の見方」（文化）という観点から分析し，逆に「文化」によって社会集団の求心性を作り出し，集団を維持・発展させているということを理解することです。そのことによって，自らの帰属集団と自分との関係も読み解いて，自らが主体となって人生設計をしてほしいと思うからです。

もう一つは，「文化創造」や「文化活動」といった，創り出して，鑑賞した

り「消費」したりすることを想定した「文化」について学ぶものです。人々の生活やコミュニティの進化にとって文化的な営みがいかなる意味を持っているのかを考え，逆に人やコミュニティにとって必要な文化創造や文化活動はどのようなものかを考えるというものです。

さらにもう一つ，よりコミュニティに焦点を当て，人間がつくるコミュニティとはいかなるものか，コミュニティがつくる人間とは何かということを文化論的・社会学的に学ぶというものがあります。

以上の三つが，キャリアデザイン学部のライフキャリア領域で学ぶことのおおよそです。いずれもが，学部の理念である「一生を通して，人や社会とのかかわりの中で学び続け，自らの人生を設計・再設計していく」資質・能力を養成するために必要な内容だということが分かるでしょう。また三つの領域の基底にある「生き方研究」とも深くかかわっていることが理解されるでしょう。

3)「多文化教育」の位置づけ

最後に，これからみなさんと学んでいく（かもしれない）「多文化教育Ⅰ/Ⅱ」は，ライフキャリア領域のどこに属するかを述べておきましょう。もう分かった人が多いと思いますが，上で説明した一番目の社会集団と個人の関係を文化という観点から考えていくというものです。ただ，科目名に「教育」とあるように，本学部の三つの領域のうち「ライフキャリア」と「発達・教育キャリア」の複合領域部分にも属しています。これは，おいおい授業の中で触れますが，大学生に対する「多文化教育」といわれる教育にもなっています。学生自らがこの授業で学ぶことで，「多文化教育」という教育を担当する基礎的能力をつけることも目指しています。

では，本授業については，第1回のオリエンテーションで説明しますから，疑問点などは，そこでも質問してください。わたしの授業は，特別な理由がない限り，第1回の授業に出ない学生には履修を許可しませんので，注意してください。

＊1 日本社会における「世間」という概念を分析した研究に，阿部謹也(1995)『「世間」とは何か』講談社現代新書があります。

第 1 回

1 オリエンテーション

はじめに——授業担当者の思い

　本授業名の「多文化教育」は，2012 年度まで「異文化適応と教育」という名称で，「異文化適応」と「教育」の二つの概念を合わせたものでした。今日の社会は，人がたやすく国境を越えて移動し，それぞれの社会が多様化を進めています。そのような中で生きていく個人は，社会の多様性を受け止めるとともに，自分らしさを発揮し多様性の一つとして社会に受け入れさせていく能力を養成していく必要があります。個人のこのような能力の養成を支援することが，今日の「教育」には求められていると考えます。ここでいう教育は，いわゆる家庭教育，学校教育，社会教育といったものを指すだけでなく，企業や役所等の組織，ネットワーク，地域，近親者等，さまざまな社会集団（コミュニティ）における個人の学びを支援するものを含む広い概念を指しています。つまりキャリアデザイン学部のキーコンセプトでもある生涯学習そのものです。

　わたしは，「生涯学習」は自分が地図を描きながら人生の道のりを歩んでいくことだと考えています。人は，生まれたときに白紙と筆記用具が渡され，さまざまな体験，経験から学び，自らの周りに何があるかをこの紙に書き込んでいくのだと思います。だんだんと地図が詳しく書き込まれていくと自分の立ち位置とこれから進むべき方向が何となく分かってきて，行く先に何があるのかぼんやりと見えてくるのだと思います。でも進んでいってよく見てみると，思っていたのとは違うことも多く，何度も地図を書き直しながらより詳しい地図ができていくのだと思います。一生を通じて学びながら歩き，歩きながら学び，

地図を詳しくしていくのが生涯学習だと考えています。このような学びに異文化は大きな貢献をしてくれると考えます。異文化との出会いでは，自分が見ているものが自分とは違った見え方で見ることもできるということに気づかされ戸惑うわけです。しかし，それが自分の地図を見直すきっかけともなるからです。

　「異文化」とは文字どおり異なった文化という意味です。そして，「異文化適応」といった場合，一般的にはホスト社会の文化に対し異なった文化を持ったゲストが適応していくことと考えることが多いと思われます。しかし，本授業では，異文化適応という言葉を，ホストであってもゲストであっても，互いに違った文化を持った者どうしが相互に適応し合う「相互適応」という意味で使用します。それは，地域社会から地球社会までそれぞれのコミュニティにおいて，相互適応こそ今日の人間社会の存続のために，目指すべき最も重要な目標だと思うからです。

　その理由について詳しくはおいおい述べていきますが，今日の地域社会から地球社会までそこで暮らすすべての人々が，前世紀（20世紀）までに人類が成し遂げた急速な経済発展と引き替えに持ち越された「負の遺産」をどう処理するかを迫られています。それらは，地球温暖化や環境汚染等，種々の自然環境問題であり，紛争や飢餓，貧困等，種々の社会環境問題です。二つの「環境問題」は相互に強く関係しています。これら国境を越えて，人類に突きつけられた問題の克服に向けては，多様な文化の視点からの議論と協調，協力が必要不可欠であり，かつ人類が協働して既存の文化を超えた「第三の文化」を生み出す必要すらあるかもしれません。社会で活躍中の社会人学生の皆さんもこれから社会に出て行く皆さんも，ともに学生としてこれらの課題を学び，理解し，克服の方法を考え，さらには具体的な行動の一歩を踏み出していただければと思います。

　人類の問題の克服に向けては，だれか特定の人や機関だけに期待することは不可能です。たとえ微力であっても一人一人，この21世紀の地球に生きるわたしたちすべての人間が自らの責任だと自覚し，行動に移していく必要があります。

　キャリアデザイン学部では，生涯学習を通じて急激に変化を遂げている社会

への「適応」を目指すための能力を開発することが一つの目標となっています。こちらの「適応」についても，一方的にその時々の社会のありように合わせるということではありません。社会のありよう自体を批判的 (critical) にとらえ，よりよい社会にしていくためには何をどのように変えたらよいかを考え，自分自身の中に変えるための力を養成することが大切です。

そのために地球市民としての自覚とそれにふさわしい社会性の養成を目指したいものです。春学期『多文化教育 I』では主に「文化」に焦点を当て，秋学期『多文化教育 II』では主に「社会」に焦点を当てて学んでいきます。参加体験型学習ですから学生の皆さんには，時間外の作業や授業時間でのグループや個人でのプレゼンテーションなどもしていただきますので，積極的な参加をお願いします。

わたしは，1979 年から日本語教員として日本語を母語としないさまざまな人々とかかわってきました。その中で文化の相違を強く感じ，わたし自身の世界観が変化してきました。また，日本で生活する外国にルーツを持つ人々がこの社会で「マイノリティ」としていろいろな「問題」に直面していることに気づかされました。わたしの専門は，日本語教育と多文化教育ですが，この授業では人と言葉の関係も考えながら大学生に対する多文化教育ともなるよう工夫していきたいと思います。

1 授業説明

今回はオリエンテーションですから，履修するかどうかを判断するために，授業のあらましについてお話しします。

1) 授業の目的及び概要

経済のグローバリゼーションが進み，物，金，情報および人々等が国境を越えて行き来する社会となっています。このような中，人々の社会的営みも日々変化しています。海外に住んでいる日本人が 100 万人[*1]を超えています。また海外から来た人々[*2]が日本社会で生活することも珍しくなくなりました。本授業では，文化の違う者どうしが互いに「適応」し，ともに自分たちが住む

1 オリエンテーション　15

地域社会から地球社会まで，さまざまなレベルのコミュニティを創造していくために必要なことは何かを受講者間で考えるとともに，その創造の担い手になるための資質を高める取り組みをしていきます。春学期『多文化教育Ⅰ』では，まず入門として主に「文化」に焦点を当て，自分の「世界の見方」は人の数だけある見方の一つであるということに気づくことを目標にします。

2) テキスト・参考文献

毎回，テキストの原稿を配り，参考文献を紹介します。なお全体を通しての参考文献は次のものです。

参考文献
『異文化適応教育と日本語教育Ⅱ　社会派日本語教育のすすめ』山田泉著
　　1996年　凡人社
『外国人の定住と日本語教育 増補版』　田尻，田中，吉野，山西，山田著
　　2007年　ひつじ書房
『私という旅』リサ・ゴウ，鄭暎惠　1999年　青土社

3) 授業計画（※今後の予定は次のとおりですが，都合によって若干変更することがあります。）
　第 1 回　オリエンテーション
　第 2 回　アイデンティティと文化
　第 3 回　「文化」とは何か
　第 4 回　文化相対主義
　第 5 回　文化と「言語」
　第 6 回　言語コミュニケーション・非言語コミュニケーション
　第 7 回　社会参加と言語運用能力（リテラシー・ディスコース）
　第 8 回　社会参加と言語・文化（言語・文化的マイノリティ）
　第 9 回　日本社会のマイノリティ問題・事例学習1：外国につながる子ども
　第 10 回　日本社会のマイノリティ問題・事例学習2：結婚移住女性

第 11 回　日本社会のマイノリティ問題・事例学習 3：移住労働者
第 12 回　教場レポート

4) 授業方法・成績評価方法

　本授業では，履修学生を数名程度のグループに分けます。また毎回授業の最後に次回授業のテーマに関連した事柄について一人一人が調べたり考えたりしてくる宿題を出します。そして次回の授業のはじめに各グループでその課題の集約をし，記入用紙に記入してもらいます。その後，教員が講義を担当しますが，講義の中でいくつかのグループに記入したものを発表してもらいます。複数の課題を出すときもあります。そして，授業終了後，各グループの記入用紙を提出してもらいます。

　最終授業は「教場レポート」を書いてもらいます。レポートのテーマは「文化の相違を乗り越えるにはどうしたらよいか」です。持ち込みは不可で 60 分で行います。

　成績評価は，このレポート(50%) と毎回提出する宿題についてのグループ記入用紙の内容(20%) 及び各グループ内での相互評価(10%) によって行います。出席も重視(20%)しますが，グループの作業があるので，遅刻・早退，欠席の可能性が高かったり，課題に取り組む時間が取りにくかったりする学生は，履修をご遠慮ください。欠席は 1 回でマイナス 2%，遅刻は 2 回で欠席 1 回とします。また，理由のいかんにかかわらず，授業中の私語やメールは禁止します。

5) 学生へのメッセージ

　受講生の皆さんには，授業での発表を求めたり，そのために授業時間外の作業をお願いしたりすることがありますので，意欲のある学生の参加を希望します。なお，正当な理由がない限り今回のオリエンテーションに参加していない学生は履修を許可しません。

2　次回授業の頭出し

　今回は，第 1 回のオリエンテーションですから，これを判断材料としてこの

授業を取るか取らないか決めなければなりません。ここまでは授業についての説明をしたわけですが，説明を聞いただけでは判断できないという人もいるでしょう。実際の授業を見てみないと分からないというのももっともです。では，次回の「アイデンティティと文化」をテーマとした授業の頭出しを兼ねて，文化と個人の関係についてほんのサワリだけ一緒に考えてみましょう。まだ班に分かれていませんので，質問などは近くに座っている何人かがグループになって答えてください。

1）文化と「世界の見方」

　文化とは何かについては，いろいろな立場でいろいろな人が「定義」を行っています。もちろん，この授業で文化を扱うときに共通認識がなければなりませんから，この授業なりの定義をしておく必要があります。ただ，それは第3回にすることとして，まず，わたしなりに簡単な仮の定義をしておきます。それは，文化とは人が持っている「世界の見方」だというものです。すると皆さんは，「世界は一つなんだからその見方が人によって違っていたとしてもそんなに大きなズレはないはずだ」というでしょうね。実際，そうなんです。人によって文化は違うといっても，人と人とは，同じ人としての共通性のほうが大きいので，そう違いはないといってもいいのです。ただ，わたしは経験上，出身地や世代，性別など文化的帰属先の違ういろいろな人がかかわる場合，その違いを違いとして認識しておいた方が間違いがないと思っています。

　人から聞いた話ですが，ある人がシマウマというのはどんな動物かと問われて，「白い毛に黒い縞がある馬と答えるのが白人で，黒人は黒い毛に白い縞がある馬と答える。わたしたち黄色人種は白黒の縞がある馬と答える」といったというのです。これはまゆつばものですが，世界の見方の違いを比喩的にいったものだと思われます。世界の見方というと，かつてオーストラリアからの留学生からお土産としてもらった世界地図が南極が上で北極が下でびっくりしたのを思い出します。オーストラリアでも世界地図は北極が上のもののほうが多いそうですが，両方あるのだそうです。わたしは部屋の照明は全体を明るくするほうが落ち着きますが，部分照明のほうが落ち着くという人たちもいます。日本では白いマイカーは一般的なのに，ヨーロッパでは白いセダンに乗ってい

るとなんらかの理由を考えてしまうようです。特に白い大型高級車は結婚式用かなと思うそうです。ましてロゴの書いてない白いワンボックスカーは異様に感じる人もいるようです。

　これらの違いは，単なる好みとか考え方のスタイルというだけでなく，価値観，評価や判断基準の違いともなって表れ，次回以降扱うようなトラブルに発展することもあります。

2）人々の「世界の見方」と帰属社会
　このような違いはどのようにして生まれるのか，その理由を見つけるのはなかなか難しいことです。理由は言えてもこじつけになってしまうこともあるでしょう。それに，なぜそうなったかはさほど大きなことではないと思います。世界の見方の違いはどちらがよいかとか，優劣があるとかといったものではありません。また，違っているのには，よく分からない場合が多くても，なんらかの理由があるということをしっかりと認識すべきだと思います。また，世界の見方は，それぞれの集団間で特徴的ではあっても固定的ではなく，絶えず変化もしているということを理解しておきたいです。それと，これが最も重要だと考えますが，個人の世界の見方は自然にできるのではなくて，その個人が属している社会（帰属社会）から学ばされ，定着しているものだということです。「帰属社会」といいましたが，これは家族などという集団から地域や学校，民族や国家などという集団まで各自がその構成員（メンバー）だと思っている集団ということです。そのことを意識してもらうためにちょっとクイズをしたいと思います。近くに座っている二人以上5人以下の何人かでグループを作って考えてみてください。3分後にいくつかのグループに答えてもらいます。まず，はじめにグループ内で簡単な自己紹介をして世話人を一人決めてください。世話人は司会をしたり，当たったら発表したりしていただきます。

　　［質問］次の（　　）に単語（名詞一つ）を入れてください。
　　わたしは婚約者から，「結婚したら仕事を辞めて家庭に入りたい」と言われ，戸惑っている。それは，わたしが（　　）だからか？

どうですか。いくつか聞いてみましょう。「貧乏」？　「いいかげん」？　「フリーター」？　「ワーキングプア」？　…。そうですか。どれも合っているみたいですね。わたしが入れてほしかったのは「女」とか「女性」だったんです。「結婚したら仕事を辞めて家庭に入」る可能性があるのは女性だけではなくて，男性でもあり得るわけです。しかし，日本というシチュエーションで考えると男性が家庭に入るという前提は無視されるわけです。

(1) 家庭教育での学び
　次はかなり以前，中国人留学生(学部の1年生で女性)から聞いた話です。再現してみます。

　　わたしは，ホストファミリーのお宅に月に1回くらい泊まりに行きます。ホストファミリーの家にはお父さんとお母さんと子どもが二人います。小学校3年生のお兄ちゃんと1年生の妹です。先週泊まりにいって家族で夕食を食べているとき，ゴキブリが出てきて子どもたちのほうに向かっていきました。妹は「怖い」と言って固まってしまいました。お兄ちゃんは立ち上がって逃げようとしました。そのとき両親そろって「お兄ちゃんは，男なんだから，やっつけなさい」と言いました。そのときお兄ちゃんは立ち上がったまま逃げるに逃げられず，泣き出しました。お父さんが「男のくせに意気地がないんだから」と言いながら立っていって，履いていたスリッパを手に持つと，ゴキブリは食器戸棚の隙間に逃げ込んでしまいました。
　　食べ終わって後片づけのとき，お母さんとわたしが洗い物をします。妹は食器運びとテーブル拭きを手伝いますが，お兄ちゃんは自分の食器を妹に渡すだけしかしません。日本では，子どものころから男と女の役割が，家庭という一番小さな社会で学ばされているのだなと感じます。

　これは，「家庭教育」といってもよい場面をとらえたものです。子どもたちが日本という集団の社会規範に則った男女の役割を学ばされているのが分かります。

(2) 学校教育での学び

同様に，学校教育での象徴的な場面の例を挙げてみます。皆さんは，次の①から⑦の中で違和感を感じるものがありますか。あればどうしてか理由も言ってください。留学生がいますね。留学生はグループのほかのメンバーに対し自分の意見をしっかりと伝えてくださいね。この授業ではこれからも留学生や社会人など「マイノリティ」（失礼）学生の皆さんには，「マージナリティ」（これは造語）を発揮し活躍していただきます。

① 国語：物語を読んで，「このとき，主人公の気持ちはどんなものだったでしょうか」という質問があり，正解があること。

② 算数：リンゴの木の絵を見て，「このリンゴの木には，葉っぱに隠れて半分だけみえるリンゴは何個ありますか。……。丸く全部見えるリンゴは何個ありますか。……。それでは，このリンゴの木に，リンゴはみんなで何個ありますか」という質問に，ある子どもが「木の後ろも見ないと分かりません」と答えた。その答えに，先生が「それは，ひねくれた考え方です」と言ったこと。

③ 社会：コロンブスの「新大陸発見」が1492年だということ。

④ 社会：日本史も世界史も，聖徳太子や徳川家康，ヘンリー5世やナポレオンなど為政者の歴史が中心で，庶民の歴史はほとんど語られることがないこと。

⑤ 理科：ダーウィンの「自然淘汰」説が絶対真理のように教えられ，人間の社会にも当てはめて説明されることがあること。

⑥ 英語：在日韓国・朝鮮人の子どものいるクラスで，「Are you an American? / No. I am not. / I am a Japanese.」などとコーラスで言わされること。

⑦　音楽：西洋音楽を「音楽」といって，その他の音楽を「邦楽」といったり「民族音楽」ということ。

　⑦について，留学生がいるグループでは留学生の出身国では音楽の授業でどのようなことを学ぶか聞いてみてください。日本人は，学校で学んだ「音楽」の授業というと何をイメージしますかという問いに，「シューベルト」，「ピアノ」，「リコーダー」，「第九交響曲」，…と西洋音楽にかかわるものばかりを挙げることが多いようです。学校教育で西洋音楽を中心的なものとして学ぶことで，それ以外のものについても西洋の価値観が絶対のものでそれ以外は亜流だと思うような世界の見方が身につくのではないでしょうか。社会学では，このような学校教育における教科のカリキュラムを学ぶ過程で副次的ではあっても本質的な価値・規範意識を学ぶ裏のカリキュラムのことを「隠れたカリキュラム (hidden curriculum)」といっています。

　手が挙がりましたね。質問は大歓迎です。③は何がへんなのかですね。「新大陸」という言い方ですね。ネイティブアメリカン，インディアンの人たちが住んでいたわけですから，「新大陸」というのはヨーロッパの側からの一方的な名づけだということです。

3）履修希望者への注意（次回に向けて）
　というわけで，少しだけ授業のスタイルを理解してもらうために個人と文化の関係について学んでみました。いかがだったでしょうか。それでは履修するかどうか検討してください。履修する場合は，次回は授業の冒頭でグループ分けをしますので，絶対に遅刻しないように来てください。万一遅刻したり欠席したりする場合は友達を通じてでもよいので連絡してください。次回，連絡がなくて欠席した場合と今回のオリエンテーションに正当な理由がなく出席していない場合は残念ながら履修を許可できませんので，悪しからずご了解ください。それでは，履修することにした学生は，次回までに次の宿題をやってメモ書きで結構ですから，必ず書いて持ってきてください。授業の最後に提出していただきます。よろしくお願いします。

[次回のための宿題]

宿題1：別紙の新聞の記事（2005年10,11月フランス各地で同時多発的に起こった移民二世・三世による「暴動」と呼ばれた事件／同12月にオーストラリアのシドニーで起こったレバノン系等中東移民二世青年に対するヨーロッパ系青年による襲撃事件）を読んで，なぜこのようなことが起こるのか，また起こらないようにするにはどうしたらよいか，自分の意見を（理由も含めて）まとめてきてください。

宿題2：これまで，自らの主義や信条，大切にしていることが，自分が属する集団（コミュニティ：例えば「子どものころ家族に」とか「高校の時，仲良しグループで」などというものも含まれます）から無視されたり批判されたりするなど辛い思いをしたことがありますか。そういうときどのような解決法があるでしょうか。

*1 外務省のホームページによると，2009年10月1日現在，1,131,807人となっています。
*2 政府統計の総合窓口ホームページによると，法務省入国管理局調べで，2009年末現在，外国人登録者数は2,186,121人となっています。

2005年10,11月フランス各地で同時多発的に起こった移民二世・三世による「暴動」と呼ばれた事件を伝える新聞記事（『朝日新聞』2005年11月15日。）

仏、治安人権か
野党など「二重処罰」司法判断焦点に
「外国人暴徒」追放

【パリ＝冨永格】フランス政府は、一連の暴動で有罪となった外国人の国外追放を14日中にも始める。これまでに逮捕・勾留された外国人は150人程度とみられ、特に悪質なケースに絞り込んで母国に強制送還する見通しだ。だが、人権団体や野党が「一つの罪に二つの罰を科す暴挙」と批判を続けているほか、行政裁判所が追認するかどうかも不透明。

「人権大国」を自負する仏政府は、内外への説明を求められそうだ。=3面参照

　AFP通信の13日現在のまとめによると、10月27日からの暴動で約2500人が逮捕・勾留され、簡易裁判所で成人364人に禁固刑の判決があった。未成年（18歳未満）は456人が少年担当判事に送られ、103人が収監された。

　「暴徒のうち外国人は6〜8％」（警察幹部）といい、逮捕・勾留は9日時点で120人。いまは150人程度と見られる。半数以上が正規の滞在許可を得てい ↘

る模様だが、サルコジ内相は滞在許可の有無を問わず、速やかに国外追放するよう各県知事（政府任命）に指示している。

フランスの関係法によると、各県知事や内相は「公共の秩序に重大な脅威となる外国人（成人のみ）」を国外に追放できる。しかし、ある犯罪で有罪となった外国人をさらに国外追放すれば、同じ犯罪を本来の刑罰と行政処分で2度罰する形となる。

このため、03年11月の法改正で「13歳までに入国するか、在仏の家族と強いきずながある者」は事実上追放できなくなった。長く住んでいる外国人は仏国民と同等に扱おう、という趣旨だ。

与党内の慎重論を押し切って、この外国人保護規定を実現させたのは、ほかならぬサルコジ内相。02年の法案説明では「二重の処罰は家族を引き裂き、非人道的だ」と糾弾してもいる。

仏各紙によると、外国人保護の例外は「ある人物や集団に対し、暴力を使って明白で計画的な挑発をした場合」など、火炎瓶で車を燃やすなどの行為が例外にあたるかどうかは、最終的には行政裁判所や国務院の判断に委ねられる。

仏政府は、外国人追放で過去に痛い目に遭っている。94年、当時のパスクワ内相が、デモで警官隊に投石したアルジェリア人2人を「緊急措置」として国外追放した。だが、行政裁や国務院が追認せず、追放から3週間足らずで2人を再入国させる失態となった。

仏国内には、当面の治安回復に強硬策を求める層と、社会政策にさかのぼって「郊外問題」の解決を求める層がある。前者は国外追放に賛成、後者は反対の傾向が強い。暴動が全国に飛び火し、間もなく3週間となることで、強い対応を望む声が優勢となっている。

国民戦線などの右翼政党は「そもそも移民受け入れが誤り」という従来の主張を再展開。与党の一部には、フランス国籍を持つ移民についても、行いによって国籍を取り上げる手段を検討する動きもある。

・・・・・・・・・・・・

暴動原因世論調査
1位「親の監督不足」
2位「郊外の失業」
3位「サルコジ発言」

【パリ＝冨永格】暴動の一番の原因は「親の監督不足」――。移民を取り巻く社会環境が背景とされるフランスの暴動の理由として、家庭の問題を指摘する声が世論調査で過半を占めた。カトリック系日刊紙ラクロワと調査機関のCSAが8日、18歳以上の国民約千人に電話で聞いた。

暴動の主な原因（複数回答）は「子供に対する両親の監督が不行き届きだった」が69％で、「（郊外の）失業、不安定、将来展望のなさ」の55％を上回った。

次いで「社会のクズ」など「サルコジ内相の発言」（29％）、「テレビ映像による刺激」だった。

移民の多い郊外の住民の回答もほぼ同じだったが、暴徒と年齢層が重なる18～24歳では「サルコジ」「失業」「親の監督」（いずれも50％以上）と順序が逆転した。

同 12 月にオーストラリアのシドニーで起こったレバノン系等中東系移民二世青年に対するヨーロッパ系青年による襲撃事件（『朝日新聞』2005 年 12 月 13 日）

シドニー
中東系に無差別襲撃
若者、排斥感情で暴徒化

　豪州からの報道によると、シドニー南東部のクロナラ・ビーチで、救命隊員に対する暴力事件をきっかけに集まった約 5 千人の若者の一部が暴徒化し、中東系の外見の人を無差別に襲って警察と衝突した。豪州では近年、中東系移民への排斥感情が強まっているとされる。デーリー・テレグラフ紙が事件を「我々の恥」と伝えるなど、同国の「多文化主義」への影響を懸念する声があがっている。

　暴徒による襲撃後、中東系と見られる若者たちが各地で車の窓を割って回る「報復」行為も起き、地元の若者たちと小競り合いになった。AP 通信によると、12 日までに一連の事件で、警官 6 人を含む少なくとも 31 人がけがをし、16 人が逮捕された。

　今回の事態の直接のきっかけは、クロナラ・ビーチで 4 日に、救命隊員 2 人が中東系の若者グループに襲撃され負傷した事件。レバノン系のグループが同ビーチで女性をからかうなどのトラブルが相次いでいたこともあり、「ビーチを取り戻せ」という携帯電話メッセージなどの呼びかけに応じて 11 日に多くの白人系の若者が集まったという。

　多くが酒を飲んでおり、過激化。レバノン人や中東系の人々の蔑称を叫びながら、中東系と見られる人を次々と襲い始めたという。警察当局は、白人至上主義団体が若者らを動員したり、扇動したりした可能性があると見ている。

　シドニーでは 00 年、レバノン系移民の 2 世らの若者グループが、白人系少女を標的にした連続集団暴行事件を起こすなどした。

　さらに、米同時多発テロ事件後はイスラム過激派によるテロ事件が中東系移民への反感を醸成してきた。

　ハワード首相は 12 日、「この国に水面下の人種差別があるとは思わない」として、豪州が依然寛容な社会であることを強調した。

第 2 回

アイデンティティと文化

　前回のオリエンテーションに参加していることを条件として本授業の履修を認めますが，何かの都合でオリエンテーションを欠席し，連絡もできなかったという人は申し出てください。理由によっては，前回示した，履修に当たっての約束に従うことを条件に履修を許可することがあります。
　それでは，前回話したように，まずグループ分けをします。これから前期の間はこのグループで作業をしていただきます。機械的に○人一組としますが，互いにグループのメンバー（構成員）の一人としての自覚を持って，しっかりと協働（協力して作業）ができるよう，よい「仲間」を作ってください。

　それでは，グループごとに前回の宿題のまとめをしてもらいます。記入用紙を配りますから 1 と 2 を別々に，一人一人の意見の発表を聞いてから，話し合ってグループの意見としてまとめてそれぞれの記入欄に書き込んでおいてください。授業の中でいくつかのグループには発表してもらいます。また授業の最後にはこの用紙を，各自のメモと一緒に提出していただきます。提出していただいたものは読ませていただき，わたしのコメントを加えて次回お返しします。また，各グループの評価にも使用します。各人の 20％分，つまり 100 点満点のうち最高で 20 点分となります。各グループのメンバーは皆同じ点数となります。
　まず，グループごとに一人ずつ自己紹介をしてください。学年と名前，あとこの授業を履修しようと思った理由，それから何か一つだけ自分のことで伝えたいこと，それだけを簡潔に伝えてください。その後で，世話人と副世話人を

決めてください。世話人には，主にグループ内の個人から意見を引き出したり，まとめたりする司会の役割をしていただきます。副世話人は，世話人の補佐をします。あと毎回各グループの意見をまとめて記録する担当が必要です。この担当は平等になるように持ち回りがよいと思いますが，これもその方法を各グループに任せますから，決めてください。各グループとも前の列の廊下側の人から時計回りで自己紹介をしてください。自己紹介をして，世話人・副世話人を決めて，世話人の司会で1，2それぞれについて各人の発表から話し合い，グループの意見のまとめと記入まで，20分でお願いします。これからは，宿題が2問あるときは15分，1問のときは10分を目安としてお願いすることになります。世話人は時間配分にも気をつけて司会をお願いします。では，始めてください。

［前回の宿題］
宿題1：前回配布した新聞の記事を読んで，それぞれのグループで，世話人の司会で各自の意見を（理由も含めて）述べ合って，どうしてこのようなことが起こるのか，起こらなくするためにはどうしたらよいか等，出し合い，それをまとめてください。そして担当がそれを用紙に記入します。すべてのグループに発表してもらう時間がないので，いくつかのグループに記入したことを発表していただきます。

宿題2：これまで，自らの主義や信条，大切にしていることが，自分が属する集団（コミュニティ：例えば「子どものころ家族に」とか「高校の時，仲良しグループで」などというものも含まれます）から無視されたり批判されたりするなど辛い思いをしたことがありますか。そういうときどのような解決法があるでしょうか。これについても宿題1と同様にお願いします。

　で，まず宿題1について発表していただきます。宿題2は後ほど発表していただきます。

1 社会における文化集団間の葛藤

1) 異文化接触とアイデンティティ

　新聞記事の内容は，2005年の後半に起こったいずれも移民の二世，三世等の若者がかかわった出来事についてのものです。フランスでの出来事は，10月中旬から11月中旬にかけてフランス全土で同時多発的に起こったものです。新聞では「暴動」といっていますが，当時は移民の二世，三世の若者が起こした騒ぎということでした。その後，移民だけでなくて仕事にあぶれていたり，条件の悪い仕事にしか就けなかったりしている一般の若者たちもかなり含まれていたという指摘もなされましたが，移民の二世，三世の多くは就労に関してまさにそのような状態なわけです。内相だったサルコジ前大統領は，当時，これら「暴動」を起こした移民の若者を「社会のクズ」といったことで，若者たちはさらに反発を強めたともいわれています。しかし，この発言は移民受け入れ側の社会の一部に根強くある移民排斥の思想を反映しているとも見られます。それを一言でいうと「フランスの文化・習慣に従わず，フランス人の職を奪う移民は追い出せ」というイデオロギーでしょう。ここにホスト社会側フランス人のアイデンティティが強く感じられます。これに対して，世代を超えて社会の下層に位置づけられる「再生産」[*1]のプロセスから逃れられないことを理不尽として，異議申し立てをしたのがこの「暴動」でしょう。それに移民でなくても同様な状況に置かれているホスト側の青年の一部も呼応したのではないでしょうか。サルコジ自身も父親はハンガリーからの移民（母親もユダヤ人）であり，移民二世という境遇です。自らはフランスに同化し大統領にまでなるわけですが，同じ移民二世，三世の若者を見る目には，複雑な思いが込められているのかもしれません。

　これに対しオーストラリアでの事件は，シドニーの海岸でレバノン系の移民の二世と白人の若者の間で起こったトラブルをきっかけにして，白人の若者が集団で，中東系の若者を無差別に襲撃する事件が市内で多発したというものです。こちらも，ホスト社会側の白人青年が持っている人種的・文化的アイデンティティから生み出された差別意識が，中東系移民という異質性を持ちながら（少なくとも一部の白人青年たちはそう見ていて）同じ社会で同等にオーストラリア

人としての権利を主張している対象に向かって、暴力という形でぶつけられたものではないでしょうか。

いずれも事件の根底には、経済のグローバリゼーションが加速する中、社会の二極化が進み、ホスト社会側の若者も移民の青年と同じように底辺に位置づけられる可能性があり、ホスト側「だった」というアイデンティティ以外に自己主張するものが乏しくなり、自らと「違う」ということだけに排除する根拠を求めたことがあるのではないかと考えられます。

さて、これらの事件について、それぞれのグループの発表を聞いていると、移民を受け入れている社会側の寛容が必要だという意見が多かったと思います。「いやそれは違う」という意見があるグループ、あるいは個人はありますか？「郷に入っては郷に従え」という言葉がありますが、もしその社会に受け入れてもらいたかったら後から来た者のほうが先にいた者たちの文化や習慣に合わせるのが人間社会の常識で、どの国でもそうなのだから、移民の青年側に問題があるという意見はありませんか。

2)「郷に入っては郷に従え」と多文化共生

まず、「郷に入っては郷に従え」が、人間社会の常識ではないということだけは、理解しておきたいと思います。現在でも多くの植民地がありますが、かつてヨーロッパを除く世界中の多くの地域がヨーロッパの入植地や植民地だったころのことを考えると、後から来た入植者ヨーロッパ人、宗主国側がもともとその地にあった文化や習慣、言語などを、ヨーロッパ側のものに置き換えていったという歴史があります。日本も植民地や占領地などで、日本語での教育をしたり、日本式の文化・習慣、社会制度を導入したり、日本人のような姓を名乗ることを進めたりしました。そのことを考えれば、「郷に入っては郷に従え」が常識ではないことが理解されるでしょう。ここには、民族や国家間の力関係によって、より強い者が弱い者に自らの文化・習慣を押しつけることが少なくないということのほうが「郷に入っては郷に従え」より一般的だといえるでしょう。

逆に移民の受け入れ国が、一世だけでなく二世、三世に対しても、「同化か、さもなくば、排除か」という理念を適用したとしたら、それはかつて宗主国な

どが行ったことと同じく，力の強い集団が弱い集団に植民地化を強いるということになってしまいます。

　近年，「多文化共生」という言葉がよく聞かれるようになりましたが，本当の多文化共生は，その社会のすべての文化集団が互いに，資格の上で対等であり内容的に平等である社会参加が保障されるということだと考えます。ですからその社会に先に属した者の既得権益も一旦放棄し，すべてのメンバーによって新たな基準を作り直すことになります。現在，日本社会では，ニューカマーの子どもたちの教育について問題が指摘されています（このことについては第9回で扱います）。そしてこれらの子どもたちの学力がつきにくい状況を改善するために，子どもたちの母語による教育の機会が必要だという意見があります。それに対して，「一部の言語については可能であっても，すべての言語について行うというのは非現実的だ。すべての言語に対応できないなら，それも不平等につながるので，すべての子どもに日本語で教育をするのが現実的な対応だ」という意見があります。これについて，皆さんはどう考えるでしょうか。そういいながら，日本語を母語としている子どもに日本語で教育することについては，何の疑いもなく「常識」としているとしたらどうでしょうか。ニューカマーの子どもの保護者でもそのように考える人が少なくありません。これらは，社会の中の集団間にある力関係が働き，より強い集団に従っていくことはしかたがないという，人間社会の差別の「常識」に従っているのかもしれません。いってみれば「長いものには巻かれろ」ということでしょうか。

3) 文化の相違と社会的力関係

　フランスとオーストラリアにおける移民の二世，三世の若者が関係した事件ですが，上では，いずれの事件もその原因としてホスト社会側の一部が持っている文化的アイデンティティによる異質なものを排除したいとする意識があるのではないかと考えました。では，わたしたちが生きている日本社会ではどうでしょうか。日本社会でも同じことが起こっていないか，皆さんと一緒に考えたいと思います。

　その前に，集団間による文化の違いと社会的力関係について触れておきます。この二つはくっついた形でさまざまな社会的情況を生み出しますが，本来は二

つに分けて認識しておいたほうが，物事を考える上で混乱を避けることができます。文化とは何かについては次回（第3回）で考えますが，ここではそれぞれの集団に帰属するメンバー間に共通する価値観や行動様式を形成しているもの（世界の見方）といっておきます。一方，社会的力関係のほうは，同じ社会に存在する集団間での力の強弱と，その力によってそれぞれの集団間にどのような関係が作られているかというものです。これも第4回で触れますが，そもそも文化それ自体には優劣とか上下はないと考えます。しかし，集団間の力関係によってそれぞれの集団の文化間にも力関係が投影されるのが一般的です。そのことをまず押さえておきたいと思います。

では，日本社会の状況ですが，ちょっと視点を変えてまず男性と女性という集団間の文化を考えてみます。以前，人に聞いた話ですが，男女の文化の違いを次のようにいうことがあるそうです。つまり，何か問題を感じたときに男性はどうしたら解決できるかを考えるといいます。それに対して女性はそのことを問題として共感してくれる人を捜すといいます。

一人の女性が何かが欲しいといって，相手が女性だったら「そう。あれね。欲しいよね」と共感するだけでよいわけですが，相手が男性だったらその言葉は，自分に行動が求められていると思って，手に入れる手段を考えるでしょう。この男女の「文化」の違いは，それ自体では大きな問題にはならないと思いますが，ここに社会における力関係，競争関係が働くと問題になります。かぐや姫がほしがったものに男性たちが翻弄されたという例もあります。

現在の男性が優位な「会社文化」の場合だったらどうでしょうか。問題や課題に対して，解決を目指して熱心に取り組む男性から，共感するだけの「女はつかえない」といわれるかもしれません。いや，熱心に取り組む女性も少なくないとの意見も出ると思いますが，そのこと自体どのような背景があるか考えてみてください。女性にも結果を出すことを求める社会になっているということです。しかし，ホスピスの終末期医療の現場で働く女性の医師や看護師，職員たちが患者の痛みや悩み，恐怖と寄り添うことの意味は大きいでしょうし，このような場では男性も「女性文化的」に振る舞うのではないでしょうか。もちろん，場合によっては会社やホスピスで逆の行動を採ることが必要なこともあるかもしれません。しかし，いずれにしても，それぞれの場の社会的力関係

でそれぞれの文化が評価されがちなのではないでしょうか。そのほかも含めた女性的文化と男女の社会的力関係によって，ある種の職種から女性そのものが疎外されてきた歴史があるといえるのではないでしょうか。あるいは「職場の花」などといわれ，「花」以外の役割は期待されない存在にされてきたのではないでしょうか。

4) 自分の文化が一番

　さらに，相手が外国人の場合はどうでしょうか。一口に外国人といっても，それぞれの出身国や民族等によって文化は違うわけですが，日本社会の場合は，「外国人」というカテゴリーで一括して，自分たちと異質な文化を持った人々としてしまうことも少なくありません。それも問題なのですが，このことについては第3回で扱うので，ここでは自己中心的か集団依存的かという相違による問題について，中国の文化と日本の文化を対比した次の事例で考えてみましょう。

　中越沖地震（2007年7月16日）後，ある避難所でのことについて，関係者から聞いた話ですが，その避難所にいた中国人が炊き出しのおにぎりを食べきれないほど確保して，たたんだ毛布の下に隠していたのが見つかってしまったのだそうです。一緒に避難している日本人たちから自己中心的だと非難されたといいます。しかし，その関係者は外国人と普段から接していて，何かありそうだと直感したので，尋ねてみたところ，中国ではこのような緊急時には，自分以外あてにしてはいけないという文化があるということだったのです。日本の場合は緊急時ならなおのこと，互いに協力・協調して乗り切ることがよいとされる文化だと思われます。どちらも緊急時の対処のし方という点では同じなのですが，日本人がマジョリティ（多数派）であると，中国人の対処のし方は非難されてしまうわけです。もし，逆に中国で災害が起こり避難所で過ごしている人々の中に日本人家族がいたら，文化の違いから自分たちの命が守れないかもしれません。まあ，中国人がすべて自己中心的だともいえませんし，日本人でも自己中心的な人はいるわけですが，集団依存的な日本社会では「自己中心」という言葉が人格を否定するような特別にマイナスイメージを込めて使われているのではないかと考えます。そしてそれが外国人を指して使われる場合，

差別的な意味合いが込められるのは，集団間の力関係があるからと思われます。

　だれしも自らが慣れ親しんだ文化には居心地のよさを感じるはずです。だからといって，ほかの文化に属する人にとってもそれをよいと感じるべきだとするのは，力がより強い集団側の傲慢といえるでしょう。逆に力のより弱い側は，自らの文化と相容れないものであっても，甘んじて従わざるを得ないというのは寂しいです。力にものをいわせてより弱い集団に「同化か排除か」を迫るのは潔いとはいえません。

　多様な集団の文化が共存する社会において，すべての集団が対等・平等に社会参加をし，だれもが自分らしく生きていくためには，力関係をフラットにする努力をしながら，誠実，率直に意見を出し合い，相違した文化どうしの調整をしていくしかないと思います。また，自らの利益のために，文化の違いを利用して争いを起こそうとする者に対して警戒する必要があります。かつてインドのガンジーが，非暴力不服従によってイギリスの植民地支配と闘ったときに言ったとされる，次のような言葉が思い出されます。「文化の違いがそれだけで問題を生むわけではない。インドではずっと昔から文化の違う隣人どうしがうまくやってきた。問題なのは文化の違いを支配のために利用しようとする者がいるということだ」。

2　帰属社会とアイデンティティ

1）帰属意識と愛国心（パトリオティズム patriotism）

　あなたは，オリンピックとかワールドカップとかの国際的なスポーツ競技大会で，自分の国のチームを応援しますか？　また，自分の国のチームが勝つとうれしいですか？

　「応援するに決まっている。勝てばうれしいのは当たり前だろう」というかもしれないですね。では，なぜなのでしょうか。この授業のように異文化間の問題を考えるに当たって，「決まっている」とか「当たり前」，「当然」，「常識」などという理由はほとんど説得力がないと考えます。人間は皆自分の国を愛しているし，それは家族を愛するのと同じで，人間に共通な感情だというかもしれませんね。しかし，自分の国や家族を愛せない人もいます。そのような人は，

なんらかの理由でそうなったごく一部の「かわいそうな人」なのでしょうか。ところで，愛する対象である「国」とは何なのでしょうか？

「難民」と呼ばれる人たちがいます。自らのルーツがある国にいられなくてほかの国に逃れて生活している人たちです。例えば政治難民といわれる人たちは，現体制の下では迫害され，処刑されるかもしれないという人たちで，命からがら亡命した人が多いわけです。以前，ある国出身の留学生が，その国の亡命難民の子どもで日本生まれの二世たちが通っている小学校の先生から，子どもたちに母語や母文化を教えてくれといわれて，忙しい学業の中，時間を作って定期的に小学校に通って子どもたちと楽しく活動をしてきました。ところが，その母国の大使館から呼ばれて，「祖国を裏切った者たちとかかわって，その子どもたちを支援するとは何事か」としかられ，それでも「子どもには罪はない」といったとたん，ブラックリストに載せられてしまい，国の家族のことなども考え，卒業後も国に帰らない決断をしました。現体制側の人々が思う「国」と，亡命者やこの留学生が思う「国」は同じなのでしょうか。

2004年に中国でサッカーのアジアカップがあったときに，日本チームが中国のサポーターからいろいろな嫌がらせを受けたり，日本批判のデモがあったりしたことが報道されました。それは，当時の小泉首相の靖国参拝をめぐる言動や台湾をめぐってアメリカとの間で防衛協力について政府見解を出したことと呼応したものと思われます。そのとき，東京に在住する日本留学経験者の中国人から呼びかけがあって，緊急集会を持って日本人の学生たちと話し合いたいと申し入れがありました。当時わたしが非常勤でかかわっていたある大学の大学院生を中心とした「日本人側」との議論の場を設定しました。議論は3時間を費やし歴史認識などにも及びましたが，最終的に全体の見解として次のような「まとめ」に漕ぎ着けました。それは，「よくスポーツに政治を持ち込むなといわれるが，今回のことは両国政府が沈着冷静に行うべき国際政治の中に，意図的にスポーツ的パッションを持ち込んでそれぞれの国民を煽動している結果だ。これらのことに両国国民は惑わされてはならない」というものでした。

わたしは，その時々の国家はスポーツの国際大会も含め，国家的なイベントの中に感覚・感情的に愛国心（この場合，国粋主義 nationalism といってもよいと思います）を強化する装置を組み込んでいると思います。その国家の意を汲んで

か，マスコミも大々的に協力態勢を作っていきます。

　過去から現在までその最も典型的だったのがオリンピックだったのではないでしょうか。本来，近代オリンピックは，「個人種目もしくは団体種目での選手間の競争であり，国家間の競争ではない」（オリンピック憲章：第1章6-1）としています。それは，共催など複数の国が連携して開催することを奨励し（同，5-9）たり競技で使われる旗や歌を，「国旗，国歌」とはいわず「選手団の旗，選手団の歌」と呼んだりしていることからも分かります。しかし，ナショナルチームにすることが，多くの国家にとって，そして愛国心を学び身につけた「国民」にとって必要なのだろうと思います[*2]。

2) 帰属意識と故郷の言葉

　話は変わりますが，皆さんの中には，故郷から離れて学生生活を送っている人もいることと思います。そのような人が帰省したり，電話などで故郷の人たちと話すときに，今東京で話している言い方ではなくて，いわゆる故郷の方言（地域方言）を使っているのではないでしょうか。では，それはどうしてでしょうか。わたしたち日本語母語話者は，同じ日本語であっても使う場や相手によってさまざまに異なった言葉（言語変種）を使っています。その中で地域方言は，相手とともにその言葉を使いながら，ともに同じ集団（この場合は同じ故郷という帰属集団）のメンバーだということを確認し合った上でコミュニケーションをするために用いられているのです。

　このようにわたしたち人間は，それぞれいくつかの集団に属し，その集団の文化を身につけ，その文化の一つとして集団の言語を使うわけです。逆にいえば，同じ地域方言を使う人々には，共通の文化があり，その文化にのっとった世界の見方で世界を見ているともいえるわけです。ただし，個人は複数の集団に所属していると考えられますし，それぞれの集団に属していながら属し方にはそれぞれ異なった状況があるので，集団の文化がすなわち個人の文化と完全に一致するとは限りません。しかし，個人の「自分らしさ」をアイデンティティというなら，アイデンティティと集団への帰属意識とは密接な関係があると考えられます。また，帰属集団からは個人に対し，絶えず帰属しているという意志確認が求められます。今後随所で触れますが，日本社会のように集団と個

人を対比すると，より集団を尊重する社会にあっては，自分らしさの要素に帰属集団の一員という意識が反映していると思われます。

　ですから，国民の一人であれば，その国家への帰属意識は大きなウエイトを占めることになり，上で見たように国際的なスポーツ競技の大会で自分の国を応援するに「決まっている」し，自分の国が勝てばうれしいのは「当たり前」という人が多いのだと思います。しかし帰属意識を持つという性状自体は多くの人が本能的に共有しているのだと思いますが，帰属する社会によって，それぞれ違った帰属（先）意識を持つのは，帰属意識が帰属社会によって学ばされ，身につけさせられるものだということです。それは，幼い子どもがオリンピックで自分の帰属国と対戦している相手の国を応援したり，しばらく別の地域で育った子どもが故郷でつい別の地域の方言を使ったりすると周りの人たちから好ましくないという反応が示されることがあり，それがいけないこととして自らの言動を諫めることからも分かるでしょう。わたしたちは帰属社会によって，自らの帰属文化がどれなのかを絶えず「踏み絵」として試されながら，帰属社会の文化を自らの文化とし，アイデンティティの重要な要素として位置づけているといえるのではないでしょうか。

3) 自己主張と個人の協調

　それでは，ここからは「宿題2」について考えていきましょう。まずは，いくつかの班に発表してもらいましょう。

　宿題では，「子どものころ」とか「高校のとき」とかといったので，部活をはじめとして，それらの例が多かったようですが，今でもあると思います。また逆にほかの人を無視したり，批判したりする側になったこともあるのではないでしょうか。わたしは，数年前に次のようなことがありました。
　ある研究会に所属していたときのことです。3年間同じテーマで研究者のそれぞれが，自分なりの計画の下に研究を続けながら，各自が進捗状況を報告して，それについて皆でディスカッションを続けるということをしていました。年度ごとに中間報告書を作成し，3年度目には最終報告書（論文集）を作成しました。その最終報告書の編集委員会の席上での話です。わたしを除くほかの

研究者の論文は,「ダ・デアル／φ*3」体でしたが,わたしだけ「デス／マス」体でした。そのとき,数人の編集委員から「ダ・デアル／φ」体で統一すべきだという意見が出ました。その理由は,読み手を考えると統一されていたほうが,研究グループとしてまとまっている感じがするというものでした。この研究の委員長が編集委員長も兼ねていたのですが,その方から,「山田さん。統一するということで書き換えていただけませんか」と言われました。わたしは,普段は協調性に長けたほうなのですが,このときは,「できません」と,強く自己主張をしました。そのことで,会議の場の雰囲気は気まずいものになりましたし,その場は,わたしに「お前一人が我を張っていないで,みんなに合わせろよ」(ちょっと前に流行った言い方ならば「おまえはKYか」ですかね)と無言ながら言っていることを感じました。しばらく,重たい空気がたれ込めていましたが,それを破ってくれたのが研究会の事務局員の一人でした。そのかたは,「これまで2回の中間報告書では,デス／マス体で書くことにしました。でも,今回の最終報告書は何も決めていませんでした。ですから,山田さんはこれまでどおりの文体のデス／マス体で書かれたのだと思います」と言って,過去2回の中間報告書を回覧しました。それによって,委員長からも「そういうことがあったのですね。このままでいきましょう」と言っていただけました。わたしもほっとしました。わたしが譲れなかったのは,この研究会のテーマが「統一」をよしとすることとは正反対の「多文化共生」に関したものだったからです。このやりとりの中で,ほんの一瞬ですが,「デス／マス」体で書いたのがわたしだけで,ほかの編集委員からは,「統一すべき」というプレッシャーを感じ,マイノリティとして,それでも自分の信念を押し通すことでの居心地の悪さを十分に感じました。

　どんな人でも,子どものときは大人から,成人になっても怪我や障がいを持ったり,妊婦や病人になったり,老人になったりすることで,また主義・信条を押し通すことによって,集団という力から「同化か,排除か」の圧力がかけられ,苦しい立場に立たされることがあるでしょう。これら自分以外のマイノリティ側に同調することで,集団から同様な扱いを受けることもあり得ます。これらは社会にあっての「いじめ」といってもよいかもしれません。「いじめ」は集団の文化と個人の文化の齟齬という要素が関係していることが少なくない

ように思います。「踏み絵」で不合格になった者が集団から受ける制裁なのかもしれません。

3 自分らしさとアイデンティティ

1) 文化の相違とアイデンティティ

では，皆さんは，アイデンティティとは何だと考えるでしょうか？　上で帰属意識とアイデンティティは深く関係しているとしました。もう30年近くも前のことですが，このことについてアメリカ人の文化人類学者に尋ねたことがあります。わたしは，日本人が考える自らのアイデンティティは，その人が帰属しているこもごもの集団すべてへの帰属意識を足し合わせたものかもしれない，「家族の父親としてのわたし，地域コミュニティの構成員（メンバー）としてのわたし，日本という国家の国民としてのわたし，男性としてのわたし，○○会社の社員としてのわたし，…」という「帰属集団があるわたし」という認識がアイデンティティなのではないかと言いました。それに対してそのかたは，「アメリカは多民族国家で，いちがいにはいえないが」と前置きしてですが，「アメリカ人の多くが考えるアイデンティティはその逆でしょうね。自らの帰属意識をすべて捨て去っても，まだ残っているものが自らのアイデンティティと考えるのではないでしょうか」と言っていました。これを聞いて，わたしは日本人は集団主義で，アメリカ人は個人主義というステレオタイプ（個別文化について，俗に，型にはめていわれていること：紋切り型）を即座に思い出しました。

アイデンティティは「自らが自らとは何だと思っているか」ということだと考えますが，文化によってかなり違うということを感じました。当時からさらに進んで現在は，アメリカの文化といっても，かなりの多様性を抱え込んだものであり，現在も同様にいえるかどうかは分かりませんが，アメリカ社会には少なくても帰属意識はアイデンティティとは関係がないとする人がいるということには驚きます。その意味では，日本社会も変化しているのでしょうか。ここには留学生もいますが，皆さんはどう思いますか？　実は，わたし自身も異文化から学ぶ中で，現在は，帰属意識とアイデンティティとは直接は関係ないと思うようになりました。もっとも，アイデンティティという発想自体が集団

主義には馴染みにくい，西洋の個人主義に似つかわしいものと思います。少なくとも現時点の東アジアの都会に住む人々の多くは，帰属意識とアイデンティティは不可分と思っているのではないでしょうか。あなたは，いかがですか？

2) 国境とアイデンティティ——エピソード1：国境を越える若者たち

　わたしは，2003年にキャリアデザイン学部ができて，法政大学に来ました。その前の10年間，大阪の大学にいて主に留学生の日本語教育を担当していました。そのとき，ある年度の学部1年生の日本語の授業で，新学期が始まって2，3回目の授業だと記憶していますが，アジアを中心にいろいろな国から来ている留学生を前に次のようなことを言ったと思います。つまり，「ここでは，いろいろな国からきた学生が一緒に学んでいますが，自分の国の国民の一人である前に，一人の人間だということを忘れないでほしい。国境はその時代時代で変わるものだと思います。でも，人間であることはどの時代でも共通しています。わたしは，国境のような変わりやすいものより人間としての変わらないものでつながる人と人の関係のほうが大事だと考えています」。1年生ですから，わたしが言った言葉が日本語として難しいと思った学生もいたと思いますが，この授業が終わった後，韓国人の男子学生がわたしのところに来て，「先生が言われたことに共感します。同じように思っている学生で仲間になった者があと3人います。先生がよろしければ，この後，駅前のラーメン屋，わたしたち4人はここのラーメンは世界中で一番美味しいと思っていますが，そこで夕食を食べながら話しませんか」というのです。もちろん，願ってもない，学生たちの意見が聞けるチャンスなので，一緒に行くことにしました。

　その学生たちは，二人が中国本土出身で，もう一人は台湾出身の学生でした。その後，わたしを入れてこの5人はほとんど毎回，授業の後に夕食をともにしながら議論をしましたが，初回のそのときは，ラーメン屋に行ってみると，店じまいの案内を書いた紙が下がっていました。留学生たちは落胆しながら，「美味しいのに，いつ来ても客はほとんどいなかったからね」ということでした。そこでわたしが行きつけの中華食堂に案内しました。ここで，美味しく食べ，飲みながら，白熱した議論をしました。留学生は皆，それぞれの国の現体制批判をしながら，相手の国（地域）[*4]の批判も遠慮がないものでした。しばらく

して中国本土上海出身の学生が，台湾出身の学生に，「台湾は独立したほうがよいと思うか」と水を向けました。と，その台湾出身の学生は，黙ってうつむき加減に考え込んでしまいました。そんなことは気にもせず，そのほかの4人が議論をたたかわせしばらくたったところで，台湾の留学生が「台湾は独立しないほうがいい」と話を挟みました。続けてその理由として「世界中で政治ができる国とできない国がある。アジアで今政治ができる国は中国しかない。日本も政治はできない。もし，台湾が独立したとしたらその瞬間に中国に征服されてしまう。中国はそれを待っているのかもしれない。しかし，台湾は商売ができるが，中国は商売が下手だ。台湾と中国は，商売と政治で役割分担をしながら当分の間，このままの関係を続けていたほうがよい」と言いました。ほかの4人は，この意見になるほどと感心しました。

　この留学生たちは，それぞれ韓国人，中国人，台湾人でありながら，「地球人」（人間）だと思いました。よくこの若さで，主権者としての国籍国の行っていることについて責任を持とうとしながらも，その判断を国境を越えたところからの視点で行えるなと感心して，彼ら（全員男性でしたが）との議論が楽しみになりました。わたしは，この学生たちからアイデンティティが国境を越えたところにある若者の存在を知り，頼もしく思いました。

3) 国境とアイデンティティ——エピソード2：元特攻隊員の社会科教師

　もう一つのエピソードは，2007年6月に小学校の同窓会に参加したとき，当時83歳の大先輩から聞いた話です[*5]。そのかたは，第二次世界大戦中に大学生だったのですが，学徒動員2年目の1944年に兵役に就き，神風特攻隊に所属しました。石川県の小松基地で訓練を続けたのですが，出撃命令は出ずに，1945年8月15日の終戦を迎えたのだそうです。特攻の訓練中の事故で九死に一生を得たという経験もしたそうです。そのかたは，戦後，高校の社会科の教員になったのですが，アメリカの財団による経費負担で経済学を学ぶ留学プログラムに応募し合格したのだそうです。その渡米時にミネソタ空港に着き，留学の目的地に向かうべくバスに乗り，運転席に座っている制服姿の男性に声をかけると，その人はバスの運転手ではなく，今乗ってきた飛行機のパイロットだということが分かったのだそうです。その人からわたしの操縦はどうだった

と聞かれたので,「素晴らしかったが,着陸前に積乱雲(カムロニムバス cumulo-nimbus)に入ったのはまずかったね」と言いました。それを聞いた瞬間パイロットは顔色を変えて「あなたもパイロットか？」と聞いてきました。「カムロニムバス」は専門用語で,一般の英語母語話者も知らない言葉ということです。先輩は日本海軍のパイロットだったため専門用語は英語語彙だったのです。それで,「アイワズ,ア,カミカゼアタッカー」と言ってしまったのだそうです。それを聞いたパイロットが最後部の座席に座っていた同じ制服を着た数人の男性に,大きな声で,こいつはカミカゼ特攻隊だと叫ぶと,みんなが後ろからやってきて取り囲まれたので,「ああ,言ってはいけなかったんだ」と身の危険を感じたといいます。すると,みんなから手が伸びてきて,「俺もパイロットだった」,「俺はグラマンだ」と握手され,肩を抱き「よく生きていた。死ななくてよかったな」と言い合い,戦時中の話になったそうです。

　その元カミカゼ特攻隊員で元高校の社会科の先生は同窓会の会場に向かって,「このときはじめて,戦争は国と国がやるので,人と人とがやるわけではないんだ。両方の国民はただの同じ人間なんだ。人間どうしは憎しみ合う必要はないのに,憎しみ合わされるのが戦争なんだね。戦争はやっちゃいけないんだよ」と言いました。それで,社会科の最初の授業に,必ずこの話をし,「自分は,国のために死のうと思った人間です。だからこれからは,皆さんを戦場に行かせないために,国に戦争をさせないために,命を賭けて闘いたいと思っています」と言うのだそうです。

　そして最後に,同窓会の会場の前列に座っている大勢の中学生や高校生に向けて,「皆さんのお顔を拝見していて,急に昔の先生になってしまいました」と締めくくりました。

　このかたも戦中・戦後の体験をとおして,国境を越えたアイデンティティを持たれたかたなのだと思います。

　わたしは,多文化教育で,多くの人たちに,「自身の帰属社会の文化から自分の文化を自由にする」ということの必要性を伝えるよい方法はないかと長年考えてきました。この話が「反戦」を訴えるためにすばらしいと思うのと同時に,まさにそのことをも伝えていると感動しました。わたしたちは,異文化の相手をどう見ているかというと,自分の帰属社会の文化の代理人となって,相

手を通して相手の帰属先の文化を見ているのだということを，たいへん分かりやすく伝えてくれていると思います。

　みなさんは，現在どんなアイデンティティを持っているのでしょうか。わたしは，これまでさんざん述べてきたようにアイデンティティも帰属社会によって作られるものだと思っています。そのことを理解した上で，これからは，自らが主体性を持って自らのアイデンティティを作り上げていってほしいと思います。

　[次回のための宿題]
　宿題1：これまでどんな「文化の違い」を体験したことがありますか。また，そのことをどうして「文化の違い」と感じたのでしょうか。

　宿題2：「文化」とは何か。「文化」を自分なりに定義して，それを書いてきてください。

*1　フランスの社会学者，ピエール・ブルデューは『再生産』(1991)で，親から子へ「知」が受け渡されることによって，上流の社会階層が世襲されることを示しました。逆にいうと底辺層も底辺層として世襲されるということです。
*2　オリンピックについては，1998年に行われた長野オリンピックについて，相川俊英(1998)が書いたものを参照するとよいでしょう。この本は，わたしがオリンピックを考える上で，たいへん参考になりました。
*3　「φ」は，動詞の終止形（日本語教育では「辞書形」），言い切りの形を表します。発音はされません。
*4　「世界の国及び地域」などといいます。「地域」は，中国本土に対して台湾やかつての香港，マカオなどを指しています。その区別の定義や日本政府の外交政策についてのわたしの見解などを示さず，ここでは慣例に従って「(地域)」を加えました。
*5　自費出版ですが，大貫功(1995)に，そのほかこれまで同様に国境を越えて，多くの人と，ともに同じ「人」としてかかわってきた体験が紹介されています。

2　アイデンティティと文化　　43

第 3 回

「文化」とは何か

　それでは，まず各グループで前回の宿題を発表し合って，それを配布した用紙に書き込んでください。時間は 15 分としますので，時間内に 2 問とも作業を終えてください。書き込みが終わったら，いくつかの班に発表していただきます。宿題 2 は，今日のメインテーマの「「文化」とは何か」を後半で扱うときに，発表していただきます。

［前回の宿題］
宿題 1：これまでどんな「文化の違い」を体験したことがありますか。
また，そのことをどうして「文化の違い」と感じたのでしょうか。

宿題 2：「文化」とは何か。「文化」を自分なりに定義してください。

　宿題 1 について，いくつかのグループの発表を聞きましたが，皆さんはどんな感想を持ったでしょうか。なかなか面白いですね。関東と関西の人間がそれぞれ相手の地を訪れたときに，エスカレータの左を歩くか右を歩くかが逆で文化の違いを感じたという，それこそ互いに逆の意見がありましたね。わたしは，2003 年にこのキャリアデザイン学部ができて呼んでいただいたのですが，それ以前の 1993 年から 2003 年までの 10 年間，関東から大阪に移り生活しました。移り住んで 2, 3 年はまさに「異文化」を感じました。でも，大阪の文化は「おせっかい」の文化とでもいえるような，人と人の距離が近い文化で，よそ者のわたしにとっては，ありがいと思いました。おかげでわたしも関東人と

しては口数が多くなったと思います。通勤電車に乗っていてとなりのおばちゃんから話しかけられたり，関東ではあまり経験しないことを経験しました。それと，会話のキャッチボールを学びました。「昨日，久しぶりに映画を見たんねや。○○というの。むっちゃっおもろかったで」と言われて，「ああ，そうですか」では，だめなのだということを学びました。そこは，一度混ぜっ返して，「あんなん，何が面白いねん。高校生が見る映画と違うの？」といかなくてはいけないのです。そうすると，相手はここぞとばかり，何がどう面白いのかをとうとうと話せるというわけです。はじめのうちはこっちがいったことも混ぜっ返されて，否定されたように感じ，戸惑ったのですが，それがのみ込めると，相手との距離が縮まったようで温かい気持ちになります。逆に，大阪の人が東京で暮らすようになると，雑踏で人が倒れていてもよけて通るようなところがあって，冷たい社会だなと思うのではないでしょうか。

　ですから，自分の生まれ育った国からほかの国に移って生活するとなると，もっと大きな「違い」を感じるわけです。今の発表で，家族で外国に行って小学校5年生から中学校まで住んでいたという人が語ってくれた話は印象的でした。行ったときの戸惑いよりも，日本に帰ってきたときの違和感のほうが大きかったというものです。

　さて，今回は前回に引き続き「社会と文化と個人の関係」について考えますが，この授業で「文化」をどうとらえるか，その定義をしておきます。さらに自らと違った文化に属する人たちどうしがかかわっていくために必要なことを考えてみましょう。方法としてはクイズとシミュレーションというアクティビティ（活動）も盛り込んでみようと思います。

1　多文化理解クイズ

　それでは，まず「多文化理解クイズ」から始めます。5問ありますから1問ずつ順番にやって，いくつかのグループに答えてもらいます。世話人の司会でしっかりと考えてください（このテキストを読んでいる皆さんは，まず，問1から問5までやって自分の回答をメモしておいてください。問5の後に，問1から順に答えと解説がしてあります。それを読みながら答え合わせをしてみてください）。

[問1]　韓国と日本は文化的に似ているところが多いですが，食事のマナーで韓国ではマナー違反のものを，次の(ア)〜(エ)の中から一つ選んでください。
　(ア)　茶碗をテーブルに置き，右手のスプーンや箸で食べる（右利きの人）。
　(イ)　ご飯とスープを食べるときスープにご飯を入れて食べてもよい。
　(ウ)　子どもは，両親より先に食べ出してもよい。
　(エ)　子どもは，母親にご飯のお代わりをよそわせてもよい。

[問2]　一般的なマレーシアの家庭のバスルームは，バスタブはなく水のシャワーがあり，多くはトイレと洗面台も一緒にあります。その洗面台には必ずといってよいほど大きめのヒシャクがおいてあります。これは，何をするものでしょうか（ヒシャク（柄杓）が分からないという人がいますね。神社の手洗い所などにある水を掬う道具です。北斗七星が「ヒシャクの形」だというでしょう）。

[問3]　日本には，常緑樹と落葉樹があります。秋に紅葉が美しく見られる地域が多いと思います。では，タイの木々のうち落葉樹はいつ葉を落とすのでしょうか。次のうち正しいものを一つ選んでください。
　(ア)　タイには雨期と乾期があるが，タイの落葉樹は乾期に葉を落とす。
　(イ)　タイも若干だが1年の中に寒暖の差があり，若干涼しい季節に葉を落とす。
　(ウ)　それぞれの木（同じ種類の木でも）がまちまちに葉を落とす。
　(エ)　そもそもタイには落葉樹はなく，すべて常緑樹だ。

[問4]　日本人のＳさん家族は，海外赴任でアメリカに引っ越してきました。Ｓさんは，慣れない海外での仕事にも不安があったのですが，お連れ合いと小学生の二人の子どもも一緒で，地域社会での生活，つまり近所づきあいや子どもの学校などで馴染めるかどうか心配でした。ところが，引っ越ししてすぐ，まだ荷物が片づかないうちに，その心配は少し薄らぎました。それは，近所の人の対応によるものなのですが，さてどのようなこ

とがあったのでしょうか。(箕浦康子氏の話による)

[問5] 釜山と上海と香港からの女子留学生3人と日本生まれ日本育ちの日本人女子学生3, 4人がテレビニュースを見ていて,「花火大会で, 見物客の中に不発弾が落ち, 母親の肩に当たり, 5歳の子どもの手をかすり, 母親は重傷, 子どもは軽傷をおった」というアナウンサーの話に, 日本人学生が「直接子どもに当たらなくてまだよかったじゃない」,「そうだね」と言いました。これに対して, 留学生3人がみなたいへんな剣幕で,「お母さんには, 当たっていいんですか」と抗議をしました。そして, これら日本人学生と留学生の間で, バトルが続きました。さて, どうしてバトルになったのでしょうか。(山田の体験による)

[多文化クイズの答えと解説]
[問1] 皆さんの答えで多かったのは(ウ)がマナー違反だというものですね。それでは, 多数決で(ウ)を正解としましょう。と, いうのは冗談ですが, やはり(ウ)でよいのです。わたしが, ソウルで行われていた日本語教育の学会に参加するために, はじめて韓国に行ったときのことです。学会初日の午前の部が終わって, 韓国人の先生がたと近くの食堂で昼食をとったときのことでした。その食堂は, 床に直接座って折りたたみ式の低いテーブルで食べるといった形式のところだったのですが, 皆さんと一緒のビビンバとわかめスープを食べました。その時, 頭では分かっているのですが何回か茶碗を左手で持ち上げて食べてしまいました。そうすると, 周りの視線を感じるとともにとなりの先生から,「山田先生。行儀悪いですよ」と注意を受けました。何回もやるので,「左手はテーブルの下!」と言われ, 一緒に行った先生たちから大笑いされてしまいました。どうも左手は股の上あたりに置いて右手のスプーンでご飯やスープを食べたり飲んだりするのがよいということでした。箸もあったのですが, こちらはキムチやおかずなどを自分の茶碗に持ってくるときに使うということでした。茶碗やスープのボール, スプーン, 箸がすべて金属なのにも違いを感じました。昔は庶民は錫製だったようですが, その食堂ではステンレス製でした。

ところで, 周りの何人かの先生がご飯とスープを混ぜて食べていたので, わ

たしもまねをして，ご飯にスープをかけて食べようとしました。するとまた，行儀が悪いと言われてしまいました。周りの人もやっていると言うと，「みんながやっているのは，スープにスプーンですくったご飯を漬けて食べているのに，山田先生は，ご飯にスープをかけてしまったでしょう」と言われました。「味は変わらないでしょう」と出かかったのですが，味が変わらなければ皆さんに合わせることにしました。その後，何度か韓国を訪れたのですが，食事をするたびにこの最初の体験を思い出します。

　このように，(ア)と(イ)はマナーにかなっているわけです。それと，(エ)は日本と共通で子どもでもお母さんにはよそってもらってもよいようです。もちろん自分でよそってもよいわけです。ただ，いくら子どもでも親，特に父親より先に食べ出すということは，歓迎されません。一般的にはマナー違反なわけです。というわけで，答えは多くのグループが指摘した(ウ)です。

　どうでしたか。あとの問題もこんな感じでいきますから，みんなで考えて，まとまらなかったら最終的には世話人の判断で，エイヤと決めて答えてください。

　[問2]　これは迷ったグループが多かったようですね。マレーシア以外でもインドネシアやタイなど共通していると思いますが，これらの地域に旅行に行ったという人でもホテルやレストランのトイレだけを使っていると分からないかも知れません。ただ，庶民の食堂に行くとトイレの周りがかなり濡れていることがあるので気がついた人がいるかも知れませんね。もちろん，何年か住んでいたという人は分かっていると思いますので，グループのメンバーに教えてあげたようですね。

　わたしが，このヒシャクにはじめてご厄介になったのは，20年近く以前ですが，タイの農村にあるご家庭にホームステイしていたときのことです。朝ご飯を食べて，しばらく休んだ後，トイレに行きたくなったので我が家にいるときのように，無意識に用を足してから気がついたのです。もう後の祭りでした。そうです。トイレには紙は置いてないのです。このことはもちろん知っていて，何回かは自分で紙を持ってトイレに入っていたのですが，このときはついうちにいる気持ちでうっかりしていました。それで，そのヒシャクにお世話になっ

たのです。右手で水を入れたヒシャクを持って水をかけながら左手でお尻を洗うのです。ズボンに水がかからないようにするのはけっこう難しいと感じました。まあ，これも経験と思ってその後も一度やってみましたが，困ったことがあります。それは，洗った後の濡れたお尻をどうするかということです。そのトイレにはタオルが下がっていたのですが，位置からいってどうもそれは手を拭くもののようでした。何度か水を切ってからズボンを上げました。出てから何かの機会に家の人にどうしたらよいかを聞いたところ，気にしたことがないということでした。こちらもびっくりでした。ですから，答えは「水を汲んでお尻を洗う」でした。

　日本に帰ってきて，この地域から来ているムスリム（イスラム信徒）の留学生に聞いてみると，洗った後紙で拭く人もいるけどそのままの人もいるということでした。その学生は日本では水でなく紙を使っているそうですが，友達の中には空のペットボトルを持ち歩いていて，それに水を汲んでおいて用を足す人も結構いるといっていました。その人たちは紙を使うと気持ちが悪いのだそうです。

　その後，マレーシアのボルネオ（カリマンタン）にあるキナバル山という高峰に登山したときのことです。20人ほどの山仲間と行ったのですが，国立公園事務所に付設したコッテージに5，6人ずつ分かれて泊まりました。そこにはトイレットペーパーもありましたが，ヒシャクも備えてありました。次の日出発後のバスの中で思い出して，近くの座席の仲間たちにあのヒシャクは何をするものだと思ったかと聞いてみました。すると，いろいろな意見が出ました。シャワーを浴びたときにタオルを洗ったとか，朝洗面に使ったとか，歯を磨いて口をすすぐのに使ったとか，いろいろでした。皆，一様に大きさが中途半端で使いにくいということでした。わたしがほんとうの使い方を説明すると，「エーッ」といって，口をすすいだと言った仲間の一人が，バスの前の席にヒシャクをどう使ったかの質問を広め，バス中がその話題になってしまいました。

　もう一言追加すると，この地域では，食事を手で食べる習慣の人々が多いのですが，食べ物は右手で取って口に入れなければなりません。また，タイなど仏教国では他人の子どもの頭をなでることはしませんが，間違っても左手でなでてしまったらたいへんなことになる可能性があります。左手は，お尻を処理

する不浄の手なわけです。

　[問3]　今度は，四択ですが，かなり難しかったようで，グループによって答えが分かれました。実は，これはタイの一般の人たちに聞いても分からないと思います。植物学者なら，日本の植物学者でも知っていると思います。まずは正解からです。(ウ)が正解です。日本でも，鹿児島の南部から奄美や沖縄などでは観察できます。今度，そういうところに出かけたら街路樹など同じ種類の木が植えてあるものを見てみてください。ある木は新緑で，ある木は緑が濃くて，ある木は花が咲いていて，ある木は紅葉していて，ある木は葉を落としているということが分かると思います。さらにびっくりするのは一本の木で，枝によってこの違いがあるものがあることです。でも，これは四季によって落葉樹がはっきりと変化する地域の人がびっくりするだけで，もともとそんな木ばかり見ている人には，「そんなもんだよ」と，このことを理解したとしても，感動することはないでしょう。むしろ秋に一斉に紅葉して冬には葉を落とすことのほうに感動するのです。以前，大阪に来ていたタイからの留学生が，帰国した先輩に関西の紅葉の美しさを聞いてきたのだということで，4月の入学後に，山を指して「先生，あれは紅葉ですね？」と聞かれました。しかし，それは松食い虫にやられた松の森で，「いや，あと8か月待ちなさい。この辺の紅葉は日本でも素晴らしいものです。例年だと12月はじめが一番綺麗だよ」と言ってやりました。

　[問4]　これは，もう20年くらい前だと思いますが，発達心理学者の箕浦康子先生に聞いた話です。先生は，アメリカは人種的にも文化的にも多種多様なので，一般論としてはいえないがと前置きされて，ご紹介いただいたエピソードです。さすがアメリカの話は，知っている人が多いようですね。アメリカの滞在経験がある人も相当いるのですね。答えは，「もともと住んでいた近所の人たちが，引っ越してきた人の家に挨拶に来る」です。日本だと逆ですね。引っ越してきた側がご近所に仲間入りのご挨拶をしに行きますね。まあ，解釈はこじつけになることも多いのであまりしないほうがよいかもしれませんが，こんなことが考えられないでしょうか。アメリカだと「開拓時代」は，もとも

とネイティブアメリカンが住んでいた土地なのにもかかわらず、ヨーロッパからの入植者が西へ西へとテリトリーを拡張していくわけです。そのフロンティアでは、一人でも仲間が多いほうが心強いから、新来者は大歓迎なわけです。一方、日本はただでさえ農地が狭く、長男以外は外に出さないと、兄弟姉妹みんなが食べていけなくなってしまう。というわけで、よそから来た者は肩身が狭い。それでも仲間に入れてもらわなければならないのだから、頭を下げて何とか仲間に入れてもらう必要があったというものです。

　まあ、それはどうでもよいことですが、箕浦先生は、逆は問題が多いとおっしゃいます。つまり、アメリカ人が日本に住むことになって引っ越してきた場合のことです。引っ越してきた側と受け入れ側とが互いに相手のほうから挨拶に来るはずだと思って待っているのだが、どちらにも挨拶は来ない。そのうち相互に不信感を持ち、アメリカ人側は、「日本人は外国人に冷たいと聞いてきたが、挨拶にも来ない。これでは、先が思いやられる」と思ってしまうし、日本人側は、「うちの地域も国際的になってきたと思ったけど、アメリカ人は日本人を馬鹿にしているのか、挨拶にも来ない」と思ってしまうわけです。

　単に、引っ越しのときのマナーの相違ということなのに、日本人がアメリカに行った場合は「さすがはアメリカ。よそから来た人にもフレンドリーにしてくれる。これなら何とかなるかもしれない」となり、逆は双方とも不信感を募らせてしまうというのです。この行き違いを超えるには何が必要かを考えないといけないわけです。

　［問5］　これは、わたしが以前、東京の女子大学で働いていて、大阪の大学に移ることになって送別会を開いていただいたときのエピソードです。寿司屋を借り切って、わたしたち日本語教育関係の教員とそれぞれの教員のゼミの学生と留学生などかなりの人数が集まってくれました。その会が終わりに近づいて畳の部屋を回ってお礼を言っているときに、ある部屋でテレビがついていて、上の問いのようなニュースが報じられました。その花火の事故がわたしが住んでいる地域に近かったので、わたし自身がそのテレビを見てしまい、学生たちもつられて見たことでこんな反応が起こったのです。わたしにとって「文化の相違」を考えるときに必要な新たな視点を得たエピソードで、とても印象的な

出来事でした。これについては，別の本（山田 1996 pp.37-38）に書いたことがあるので，以下に引用します。

　そして，よくよくみんなで話し合ってみると，意外な事実が分かったのです。それは，すべての学生は未婚であったにもかかわらず，このニュース報道を見て，この日本人学生たちは母親に感情移入し，この留学生たちは子供（ママ，以下同じ）に感情移入しているということが分かりました。日本人の学生は「自分の子供に直接当たらなくてよかった」という母親の気持ちになっているのですが，この留学生たちは「大切なわたしのお母さんが大変なことになってしまった。どうしたらいいの」という子供の気持ちになっていることが分かりました。その後，このことを別の中国人留学生に話したら，わたしは日本人の学生と同じで「直接子供に当たらなくてよかった」と思うほうだということがありましたので一般化はできません。しかし，わたしもそうなのですが，多くの日本人は，ここでの日本人学生の反応にそれほど違和感はないのではないでしょうか。
　もし，同じニュースを，日本人の学生もこの留学生たちも，「あぶないですね」「ほんとにひどいですよね」などと言うだけの同じような行動様式を採ったら，この深層文化の価値観の違いには気づかないでしょう。また，「直接子供に当たらなくてまだよかったじゃない」という日本人学生の言葉に対し，この留学生たちが自分たちの気持ちをぶつけ，互いにどうしてそう思うのかを追求しなかったら，この留学生側に「この日本人の学生たちは親に対して敬愛の気持ちが乏しい」という判断を下させてしまったかも知れません。私たちが文化の違いという場合，ここでいう表層文化と深層文化の違いについても考慮する必要があると思います。

2 文化の相違とその克服法

　それでは，上の多文化理解クイズをもとにいくつかのことを考えてみましょう。今回の中心テーマはこの授業で「文化」という場合のその定義をしておくことです。それは今回の最後にするとして，まずここでは，文化の相違を克服

するための方法として二つの例を挙げておきたいと思います。

　1）トレランスとエポケー
　違った文化に属する者どうしが，その違いを超えて一緒に行動するために必要なことは何かを考えるに当たって，問5の事例は大切な要素がいくつか含まれていると考えます。そのことを考えるために，まず問4の事例が示唆していることを見てみましょう。
　問4では，日本とアメリカという二つの文化間で，引っ越しという場面での行動様式が違っていて，双方がその違いを知らないときに，「誤解」が起こるということをいっているわけです。その誤解が引っ越し先がアメリカなら「結果ハッピー」で，日本なら「結果最悪」なわけです。異文化間のコミュニケーションでは，このような誤解は日常茶飯事で，誤解がないなどということのほうが珍しいのです。まあ，それは同じ文化に属している者どうしでもあるわけですね。人間社会のコミュニケーションで誤解はつきもの，それが異文化間であったら誤解が普通と思うことが肝心でしょう。そのようなときに，人が意識すべきことで大切なのがトレランスとエポケーだといわれます。
　トレランス（tolerance）のほうは英語なので知っている人もいると思います。「寛容さ」ということですね。前回（第2回）で答えてもらった移民の二世，三世に関係した「事件」について，このようなことが起こらないようにするためにどうすればよいかという宿題では，それぞれのグループの回答を読んでもらったのですが，かなり多くのグループからこの「寛容さ」が必要だということが寄せられていました。
　誤解が普通なのですから，寛容さがなかったらすぐけんかになってしまいます。異文化とかかわるならば寛容さがなければならないということです。そうはいっても，はじめから何にでも寛容になれる人格者は少ないので，異文化とかかわりながら寛容さを育てていくというスタンスが必要です。そこで，エポケー（epoche）が登場するわけです。
　こちらのほうはギリシャ語だそうですから知っている人は少ないでしょう。でも，哲学用語としては日本でも使われていて，『広辞苑』には見出し語として出ています。日本語にすると「判断保留」ということです。つまり，異文化

と接していて自らの基準で相手の言動を判断すると，変だ，おかしい，とんでもない，…といったことでも，これは何か訳があるのではないか，自らの基準ではない別の基準で判断すべきではないのかと，判断を保留するわけです。アメリカ人が日本に引っ越してきた場合，互いに相手の行動を「日本人は外国人に冷たい」とか「アメリカ人は日本人を馬鹿にしている」と判断してしまうのではなく，「引っ越してきたとき，近所から挨拶にきた」，「引っ越していったとき，近所から挨拶に来ない」と事実だけを心のメモ帳に記録しておいて判断は先送りするということです。そうすればいずれ，引っ越しのときの挨拶方法の相違ということを理解するときもあるでしょう。しかし，この判断保留は，はじめのうちは忍耐がいると思います。しかし，これもある種の訓練で，そのうち慣れてきて，逆に相手の言動が理解できたときには，「なるほど」と絵解きができたときのような爽快感が感じられるかもしれません。わたしたちは自らの文化にいるときはそれに慣れきっていて，まさに空気のように感じているものでも，異文化という鏡に映して見ると，自分の文化が相対的に見えてきて，「なるほど」と感じるのかも知れません。問3で分かるように，タイと日本で同じ落葉樹でも違った変化を見せることを知ることで，「落葉樹は落葉樹なんだ」と。それが気候が違うとこうなるんだと膝を叩くのではないでしょうか。アメリカ本土の人はハワイに行くと東洋的雰囲気のエキゾチシズムを感じ，東洋人はハワイに行くと西洋的雰囲気のエキゾチシズムを感じるということが分かってこそ，ハワイはハワイなのだとそれなりに理解できるといったことです。例えが分かりにくいですかね。

　「なるほど」という感覚を何度か味わうと，相手に対して，あるいは相手文化に対して寛容になれると思います。それは，相手もこちらに対して同じなのだという共感にもつながるからです。そうなるとトレランスとエポケーが相互作用を始めます。より寛容になれると判断保留もしやすくなり，判断保留ができると寛容にもなれるというわけです。

2) 文化の違いの調整

　ただし，実際には文化の違う者どうしが一緒のことをするとき，いつもこのようなシビアーな問題が起こるわけではありません。確かに違うのだけれど，

違いがそんなに気にならない場合は、「相手に合わせればよい」わけです。問1で茶碗を持つか持たないかや、ご飯にスープをかけるか、スープにご飯をかけるかなどは生きていく上で大きな問題だと考える人は少ないのではないでしょうか。どうしても茶碗を持ちたいというのならそれも認めればよいでしょう。これは、「互いに別々にやる」ことを認め合うというものです。トイレの後始末などは、自分が最もすっきりする方法でやればいいし、互いにそれができるようにトイレの形態を変えてもよいでしょう。異文化が一緒にやっていくわけですから、それに合わせて社会構造も変えていくべきだと思います。

　ところが、問題は、お互いに譲れないという「相違」がある場合です。それが、花火の事故のニュースのエピソードです。すでに「解説」でいったように、この件についてはある種の解決にたどり着いたのですが、留学生たちはエポケーができなかったわけです。留学生ですから、日々日本の社会で生活していて、いやでも「エポケー能力」は育っているに違いないのですが、このときばかりは爆発してしまったのです。

　では、それが解決にまで結びついたのはどういう要素が関係しているのか分析してみたいと思います。まず大切な要素は、留学生も日本人学生も互いに知り合いの間柄だったことが挙げられます。つまり、「いつもはまともな人たちなのにこんなことを言うのはおかしい」、「この人たちがここまで激しく抗議をするというのは訳があるのでは」と思っている節があります。留学生たちは、相手が言っている内容そのものに異を唱えながらも、その内容をこの人たちが言うことがおかしい（つまり、ほんとうなら言うはずもないことを言っているので何か変だ）とも感じているということです。

　そして最も重要な要素は、留学生たちがはっきりと異を唱えたということです。このことは解説中の引用にも書かれています。これは、異文化間のやりとりで譲れないことが起こった場合、たいへん重要なことです。別に、相手を糾弾するような言い方で異を唱える必要はありませんし、できれば穏やかにしかしはっきりと、相手におかしいものはおかしいと感じるということを伝えるべきです。そこから、双方の距離をいかにしたら縮められるかの「調整」が始まるからです。ここでは、文化の相違ということを理解して、「それじゃしようがない。自分とは違うけど、相手のやり方は相手のやり方として尊重しよ

う」ということになったのだと考えます。

3) 第三の文化の創造

　ところが，このことはその後思わぬ展開になる可能性があるのです。それは，文化によって家族の中でだれがより尊重されるかの序列が違うということが分かり，このような序列があることこそ問題なのではないか，問題のない家族関係を築く必要があるのではないかという「第三の文化」にたどり着く可能性があるということです。ちょっと話はそれますが，そう考えるのは次のようなことがあるからです。

　この「花火の事故」があった当時，わたしは，ある地域で国際結婚をした家族のサポートをしている人たちを訪ね，いろいろと教えてもらっていました。その人たちは，タイから出稼ぎにきて風俗産業で働いている女性たちと日本人男性とが結婚して子育てをしている家族などをサポートしていました。このタイ人の女性たちのほとんどは，タイと日本でブローカーや暴力団が間に入って人身売買され，自らが約300万円ほどの借金を抱えた状態で風俗産業の「お店」に引き取られるわけです。わたしはなぜタイから女性たちが日本に来るのかが疑問でした。実際にそのサポートをしている人たちから伺ったり，そのことを当事者に聞いたりしていろいろと分かりました（このことをここで話すと長くなりますし，本題からはずれるので，それは第10回で詳しく取り上げ，ここでは関係することだけ述べます）。つまり，タイでは子どもが自己犠牲を強いても両親に孝行することが美徳とされているということです。

　これは，現代の日本とは逆なわけです。日本では親が子どものために汗水垂らして頑張って，子どもはそれが当たり前と思っていることが多いのではないでしょうか。「花火の事故」の時代からかなり時間がたっていますから今はだいぶ変わってきているとは思いますが，当時は韓国や中国，香港の留学生も「親孝行」という精神文化が受け継がれていたのだと思います。もちろん，そうであっても家族は互いにかけがえのない存在で，だれもが大切だという場合がほとんどだと思います。しかし，「よりだれが」尊重されるべきかという社会の文化が，実際の家族関係の中にもたらされていることが多いのです。ところで，このような社会の文化を見直してもよいのではないでしょうか。家族の

だれかが自己犠牲を強いることはほかのメンバーにとっても心苦しいことです。家族は，皆がそれぞれ役割に応じてできることを精一杯やって，それぞれがやりたいことを尊重し応援もするという「平等」な関係であってもよいのではないでしょうか。

　つまり，家族は皆，互いにとって大切だが，より親が尊重されるという文化とより子どもが尊重される文化があるが，それらを超えて，どちらも同等に尊重されるという「第三の文化」が生まれる可能性です。おそらくこれらの留学生も日本人学生もわたしが担当する「異文化間コミュニケーション概説」という多文化教育の科目を履修していたので，おそらくその後，この第三の文化を身につけたはずだと思います。というのは，我田引水ですが，文化の違いを超え互いに理解し合うために多文化教育のような学びを経験していることが効果的なことは間違いないでしょう。

　さて，では，わたしたちの実際の多文化教育のほうも進めていきましょう。ここまで学んだことをもとに，次の応用問題をそれぞれのグループでやってみてください。時間は8分取ります。もし，なにか追加の情報を聞いておきたいということがあったら，質問してください。

［応用問題］
　次の「事例」を読んで，皆さんが同じ学校の教員だとしたら，N君のお母さんに対してどのように対応しますか。話し合って意見を集約し，どのように対応するか理由も含めて発表してください。

　　事例：「お母さんは悪魔だ」と言った少年
　　　ある地方都市のT中学校では，東南アジアから来たN君という生徒を受け入れました。N君のお母さんは，N君を国に置いて日本で働いていましたが，数年前に日本人の男性と再婚し二人の子どもが生まれました。そして数か月前にN君を国から呼び寄せたのだということです。その後，N君やお母さん，新しいお父さんの強い希望もあり，このT中学3年生に編入学しました。学校側の対応も熱心で，N君は片言の日本語がしゃべれたこともあって，学級やクラブ活動でも友達がたくさんでき学校が楽しい

といっています。

　ところが，じょじょに学校に慣れ，担任など教師に打ち解けてくると，母親に対しての不満を訴えるようになりました。それは，母親は家事や幼い兄弟の世話をN君にさせ，N君の面倒は何も見ないというのです。朝は，N君が一人で起きて弁当を作って学校に行きます。家に帰ると，母親は「一日中，子どもの世話で疲れた」といって，ほとんど毎日幼い兄弟をN君に任せ自分はパチンコ屋に行って，しばらくしてから帰ってくるのだそうです。その間，子守りをしながら夕飯を作り母親や父親の帰りを待っていなければならないので，勉強もできないというのです。母親は，N君が運動部に入っているから帰りが遅いといって怒ることもあるそうです。N君は，「日本ではメイドを雇うとお金がかかるから，自分（N君）を呼んで，メイドの代わりをさせようと思ったのだ」とまで言っています。

　この訴えに対し，学校側は，N君のけなげさに同情し，N君の家庭での学習環境を確保するためにも，この母親を何とかして改心させなければならないという意見もあり，現在，どのように母親に対応するかを検討中だといいます。（山田の体験をもとに一部変更）

解説：お母さんに同情的な回答があってほっとしました。「応用問題」などといってしまったのは申し訳なかったのですが，このような社会・文化的な出来事には「正解」などはないのです。ですが，わたしが体験したことなので，実際どうなったかとわたしの解釈をお伝えします。

　この後，学校ではお母さんからの意見も聞いてみて判断したいということで，お母さんの母語の分かるこの学校の関係者にお願いして，直接お宅を訪ねて事情を聞いてもらったのだそうです。お母さんによると，N君が言っていることはほぼ間違いなく，N君は家では自分の役割をしっかりと果たす「いい子」だというのです。お父さんもN君を褒めていたということでした。つまり，家では，N君は何も不平を言わずにずっと変わらず家事をこなしていたのだそうです。ところが，お母さんは，一日中ほとんどだれとも話すこともなく，子育てのストレスをため込んでいるようだとの報告がありました。わたしはそれを聞いて思うところがあって，N君に

もう一度確認してみました。そうしたら，N君はほかの日本人の友達を見ていて，しっかりと家事を分担している人などいないことが分かったというのです。それで，先生から出されていた日本語の宿題をやっていかなくて叱られたときに，できなかった理由として，上の事例で書いたようなことを言ったのだそうです。
　母国でも子どもが家事を分担するのは普通のことで，日本に来てからも「当然」のようにしていたものが，友達を観察しているうちにだんだんと日本の「子ども優先文化」を理解していったのです。わたしは，N君に家事も日本語の勉強もしなさいと伝えました。それと，お母さんには，お母さんの話を聞いてくれたかたに頼んで，私鉄で三駅のところに国際交流協会があって，そこでは子連れで日本語が学べる保育付き教室があることを伝えてもらいました。その後，N君も高校に合格し，お母さんももともと明るい性格だったこともあって，国際交流協会で母国文化紹介のボランティアをするなど，人気者になったということです。

　というわけで，一件落着したのですが，ここで一つだけ異文化適応で問題になることをこの事例から考えてみたいと思います。それは，専門用語で「過剰適応」とか「過剰汎化」といっているものです。N君が，自分の母国の文化では子どもが家事を分担するのは一般的だったのにもかかわらず，日本に来てしばらく友達を観察していて「日本では子どもは家事をしない」と断定してしまったのです。もちろん，しっかりと家事をしている子どもは多くはないのですが，一切家事をしないわけではないし，少なくとも家事をしている子どもがいたら「いい子」と評価されます。その辺の「程度」が理解できないということが過剰汎化につながります。もっと分かりやすい例が，お母さんのパチンコです。わたしが聞いた話でも，日本人と結婚しているアジアから来た女性で，パチンコをしている人がある程度いるようです。これらの話は，日本語学習支援をしているボランティアから伺うのですが，どうも近隣で思わしくない評判になっていることが多いようです。これらの女性は，なぜ思わしくない評判になるか理解できていないのが普通です。まれにですが，日本人が注意すると，「え？　女性もやっていますよ」といった反応が返ってきます。ただ，それら

日常的にパチンコをやっている女性が一般的かどうかの判断はできていないわけです。このような，自らの文化ではなかったり，違った評価をされるものについて，新たに属した社会の文化を微妙に読み違えて，その読み違えたままに行動してしまうことが，過剰汎化です。ただ，その社会で長く生活し，日頃日本人の友達や知り合いと接していると，徐々に微妙な違いが読めるようになっていくのが普通です。ただ，過渡的には，過剰汎化があって，それによって誤解されることがあるということを理解していたいのです。

4) 帰属社会の文化から自らの文化をずらす

さて，文化の相違を克服する方法を考える上で大切なことは，第2回で取り上げたアジアカップ中国大会での出来事のように，社会的に力を持つ側による一般大衆に対する「煽動」をどう回避するかという問題です。「煽動を回避する」というのが大げさだとすれば，「帰属社会におけるマジョリティ側の文化から，個人の文化がどう距離を置くことができるか」だといっておきます。ある集団のマジョリティが持っている文化を，便宜的に「集団の文化」というと，このようなある集団の文化が別の集団の文化に対し偏見を持っている（相手文化について一方的に決めつけて評価する）中で，個人がそこから自由になることは重要なことです。それによって，個人のほうがそれぞれの集団に対して，相手文化を「偏見」で見ているということを指摘し，気づかせる可能性が生まれます。ただ，それも簡単ではなくて，帰属集団から「非国民」などといわれてしまうこともあるでしょう。

そのことでまず必要なことは，一般的にいって相手文化に属する人と個人的に，同じ人として付き合うという体験があるということかもしれません。よく，「想像力」が大切といいます。エンパシー（empathy）という相手に感情移入し人としての共感ができる力が必要ということで，それさえ可能ならば，付き合うという体験がなくてもだいじょうぶだと思います。日本人の場合ですが，日本文化では「人の気持ちになって考える」ということが大切にされ，その訓練はかなりされているのが普通ですから，この能力は低くないと思われます。ただ，日本文化では「外国人」をその相手としては対象外とすることが長く続いてきたので，外国人をもその対象にできる能力が必要です。

その上で，自らの文化と集団の文化を相対化することが必要です。相手文化に属する人に共感ができても，その人は例外で，相手文化全体は別だと思うことが多いと考えるからです。それは，自らもいまだ帰属集団の文化で相手集団を見ていることを意味するのではないでしょうか。それは，集団的存在として人間の宿命といえるでしょう。では，どうすればそれが可能なのでしょうか。それには，いかに自分の文化が帰属集団の文化によって作られたかを分析して理解する必要があります。すでに第1回のオリエンテーションの最後に「隠れたカリキュラム（hidden curriculum）」を紹介しましたが，人は帰属集団によって無自覚のうちに自分の文化が作られるわけですが，今度は自覚的に自分の中に作られた文化から自由になる努力をしなければなりません。そのためには焦らず時間をかけて，しかし決して諦めず，異文化とかかわりながらそれを自分を映す鏡としていくしかないかと思います。わたしも，まだまだ完全とはいえませんが，これまでの長い異文化とのかかわりから，ようやくそのための入り口をくぐることができたと考えます。

3 「文化」の定義

　ここまで長々と前置きをしましたが，最後に今回のメインテーマであるこの授業でいう「文化」について，その定義に入りたいと思います。まず，皆さんの宿題の発表から始めましょう。

　宿題2について皆さんの発表では，ほとんどの班が文化は特定の集団に存在するというものでした。大事な点を押さえていると思います。
　今回，ここまで「集団の文化」と「個人の文化」と二つの文化があるようにいってきました。そして個人の文化は集団の文化に影響されると述べました。しかし，集団の文化と個人の文化は完全に同じではないともいいました。ここでも集団の文化と個人の文化を対比して考えてみたいと思います。

1) 個人の文化と集団の文化
　生涯発達心理学の視点からバーバラ・ロゴフ（2006 p.45）が，「私の考えでは，

人の発達は文化活動へ参加していくことを通して変容する過程であり，そのような過程が，ひいては世代を超えた文化コミュニティの変容を促すように働いているのです」といっています。わたしも，そのとおりと考えます。つまり，個人の文化は集団によって作られますが，集団の文化が個人の文化によって変容していくということも事実です。個人は世界とかかわる中で学び，学びによって変容し（発達し），個人の変容が集団の文化を変容させていくわけです。

2）この授業での文化の定義

まず，一般的な定義について見てみましょう。みなさんの定義でも引用されていましたが，国語辞典の定義です。『広辞苑』（第五版）の定義です。

> （culture）人間が自然に手を加えて形成してきた物心両面の成果。衣食住をはじめ技術，芸術，道徳，宗教，政治など生活形成の様式と内容を含む。文明とほぼ同義に用いられることが多いが，西洋では人間の精神生活にかかわるものを文化と呼び，技術的発展のニュアンスが強い文明と区別する。

次に，専門分野の事典です。『社会学事典』（pp.780-781）の定義です。

> 文化とは，「自然」-「人間」-「社会」の象徴化形態のことである。それは，「自然」-「人間」の連関と「人間」-「人間」の連関とを，その二重性において象徴化した諸形態である。したがって，例えば「物質的文化」は前者の連関を基盤として成立し，「精神的文化」は主要には後者の関連のうちから生成してくる，と言うこともできよう。けれども例えば神話は，むしろ前者の関連の方により多くその生成基盤を有するであろう。したがって，一層分析的に言えば，文化とは，次の三つの地平においてとらえられる「自然」-「人間」-「社会」の連関の象徴化諸形態である。
> 　(1) 文化とは，第一に，その「社会」において象徴化された「外的自然」である。
> 　(2) 文化とは，第二に，その「社会」における諸個人の「行為-関係」

過程を通じて象徴化された「人間的自然」の諸形態である。
(3) 文化とは，第三に，その「社会」における「行為－関係」過程に投影され象徴化された「外的自然」「人間的自然」の関連そのものである。

こうして，例えば，前述の「神話」は，この(3)の規定において，すぐれて私たる人間の文化そのものとして現れてくるであろう。(後略)

多文化教育関係の書籍から，平沢安政（1994 p.39）の定義です。

人類学者は，「認識，信念，評価，行動を支配する枠組み」，あるいは「集団や地域（community）に広く共有されている知的，道徳的，美的な基準やコミュニケーション行為の意味の体系」などを「文化」と称している。

そして，わたしが「花火の事故のニュース」で引用した本で行った，わたしの定義です。この授業でもこれを採用したいと思います（前掲書 p.36。太字はこのテキストのためのもの）。

「文化とは，何らかの社会集団に存在しているもので，そこに帰属する人々の**価値観**と**行動様式**及び社会集団自体の**社会規範**と**社会構造**に現れた規定である」と。

いかがでしょうか。「よけい分からなくなった」といわれるかもしれませんね。このわたしのものを図示したのが以下のものです。左側の四角で囲んだもので「個人」というのが個人に属した文化であって，「社会」というのが社会に属した文化です。また，「表層文化」とは観察して分かる表面に現れた文化で，「深

	表層文化	深層文化		環境要因	
個人	行動様式	価値観	→	地理的環境	経済的環境
社会	社会構造	社会規範	→	歴史的環境	…

層文化」とは，表面に現れた文化を基底で操作しているそれ自体は観察できない文化です。矢印の右側の「**環境要因**」は文化に影響している個人以外の要素で一例を挙げてあります。これらすべてが相互に影響し合っているというものです。

　これらの要素について，前掲書（pp.36-37。同様に太字はこのテキストのためのもの）で例を挙げて説明しましたので，長くなりますが理解の助けになると思うので引用します。ただ，その当時と社会や教育のあり方が変わっていますので現状と合わないところもあります。それも10数年の経過による文化の変化を知る上で例となると思います。それと，「花火の事故のニュース」の解説の中でここで使っている太字の用語を使っていますので，後で見直してみてください。

　　これらの関係を日本社会での「学校教育」ということを例に説明してみます。うちの子は，上が中学校3年生で，下が小学校3年生ですが，週日は両方とも8時に出かけていきます。両方とも公立学校ですが，上の子は校章とプラスチックプレートの名札を付けたスーツにネクタイ型の制服を着，部活のスパイクや弁当の入った大きな手提げ鞄を持って校則ぎりぎりの色合いのスニーカーを履いて出かけていきます。下の子はビニールの袋に布の名札を入れたものを安全ピンで胸に留めた私服に，前の日忘れずに持って帰ったときは制帽を被り教科書と文房具でずっしりと重いランドセルに給食袋をぶらさげて前日遊んで中に入った砂を払ったズックを履いて出かけていきます。そして，それぞれ学校で様々な，しかしほかの毎日とどこか似通ったことを半日してくるわけです。ここで，子供（ママ，以下同じ）たちは，何時にどんな格好をして何を持って学校に行くかということから，授業中にどんな態度が期待されているか，昼食や昼休みに何をするか，「学活」や委員会や清掃やクラブではどうするかなどまで，日本社会のこの地域社会のこの学校社会が期待する様式にのっとって（あるいはそれに反抗したにしろ，いずれも期待するものと無縁ではなく関連しながら）**行動**しているわけです。これは**行動様式**に現れたこれら重層的社会集団の文化

だと考えます。このような行動様式のありようは，子供ら個人の学校や先生，友達，勉強などといったものに対する価値観，あるいはそれらとの関係で自分が自分に対して抱いている価値観が作用しているわけですが，その価値観を規定しているのも重層的社会集団の文化なわけです。

また，学校が存在するということから教育制度やカリキュラム，授業内容，行事や保護者会，校内諸施設や教室の形態や机の並べ方，制服や体育着の購入方法などまで，社会構造に現れた文化だと思います。この社会構造に作用しているのが，教育やそれに含まれる諸要素に対しそれぞれの社会が持っている社会規範で，この社会規範も社会集団の文化の現れであるわけです。

これら四つは，互いに影響し合い，環境要因の変化にともなって変化を繰り返しているのです。日本の社会環境や経済環境，あるいは対外的環境（国際的環境）等々の変化によって，教育に対する社会規範や価値観が変化し，月２回の「学校五日制」になり休日分の授業を学校行事などを削って行う（教育の量については社会規範，価値観が変わっていないのでしょう）などといった社会構造の変化が起こり，それに合わせて先生や子供たちの行動様式も変化するということが起こるのです。

どうでしょうか。わたしが言いたいことが分かっていただけたでしょうか。

さて，このように「文化は何らかの社会集団に存在している」としていて，（社会）集団の文化と個人の文化を併置していません。それは，個人も社会的存在だと考えるからで，集団にこそ文化があってその文化が個人の文化を作っているが，人は一人一人個性があり一人として同じ人はいないわけで，その個性をも含んだものが個人の文化だと考えているということです。それは，この授業のテーマの一つが異文化適応であって，「異文化」という言葉の中の「文化」は集団の文化を指しているからです。その異文化に個人が「適応」するというわけです。

人文・社会科学では本来「正しい」定義といったものは存在しないと思われます。高校までの授業科目の中での勉強では正しいかどうかが重要だったので，そういわれると落ち着かない思いをする人も多いでしょうが，何事にも自分の

中で最も落ち着く定義を考え仮説し，絶えず検証しながら必要ならさらに落ち着く仮説に変更するしかないと思います。

　［次回のための宿題］
　あなたは，文化には優劣があると思いますか。そう思うのはどうしてですか。

第 4 回

文化相対主義

　それでは，もう 4 回目ですから慣れたと思いますが，各グループで宿題のとりまとめをお願いします。各グループでそれぞれ宿題を発表し合って，その後でグループの意見をまとめてください。複数の意見が出てどうしてもまとまらないということでしたら，これこれの意見があるがまとまらないとして，その理由も書いておいてください。一問だけなので普通は 10 分ですが，今回は，まとめる作業があるので 15 分とします。15 分が過ぎたところで，すぐにいくつかのグループに発表してもらいます。それでは，お願いします。

　［前回の宿題］
　あなたは，文化には優劣があると思いますか。それはどうしてですか。

1　集団主義の文化と個人主義の文化

　今，発表していただいたグループは，それぞれによく考えてあって感心させられます。三つのグループが文化には優劣がないというもので，一つのグループが優劣があるというものでした。優劣がないというグループのどうしてそう思うかの理由がいいですね。それぞれのグループの理由をまとめると，「自分が属した文化が一番よいと思うことが多いので優劣のつけようがない」とういものと，「田舎のネズミと町のネズミで，一時は相手の文化にあこがれても，やっぱり自分の文化に戻ってくる」というものは似ていますね。それから，「優劣の判断には評価基準がいるが，どの文化にも与しない評価基準を作ることが

不可能で評価しようがない」というのは，論理的に攻めましたね。以上は，「ない」というグループですが，「ある」というグループの「建前的に「ない」としても，それはきれい事で，一人一人の心の中には，個々の文化の序列をつけた一覧表が作られている」というのはなるほどと思ってしまいますね。今日各グループで書き込んだ用紙を提出してもらったら，次回は一覧表にして皆さんにお配りします。こういっては失礼ですが，皆さん予想以上によく考えてきているので，グループ間でシェアしないともったいないですからね。

　文化の優劣については，「2 文化相対主義」のところでもう一度扱うことにして，ここでは，まず文化の相違について事例から考えてみたいと思います。

1) 個人と集団

　第2回で「アイデンティティ」をテーマにし，「文化の相違とアイデンティティ」を考えました。ここで文化によってアイデンティティとは何かということにも違いがあるという例を挙げました。そこで扱ったのは日本文化とアメリカ文化についての比較でした。そんなわけで，ここでも日本文化の特徴に触れながらアメリカ文化と比較してみたいと思います。

　まず，日本社会の文化についてですが，よく「集団主義」といわれますが，わたしは日本の文化を集団主義ということだけで片づけてしまうのには問題を感じます。経験的にいっても理論的にいっても日本社会における文化的要素として集団主義は中心に据えてもよいと考えます。その「集団主義」の文化とは一言でいうと，個人の価値観と比較して集団の社会規範を優先する文化だといえるでしょう。それは，個人が社会規範から逸脱しないことがよいとされ，社会規範に合わせて自己規制や相互監視が働くというものです。集団主義の社会では，社会の正規メンバー（構成員）は集団の利益に貢献するという目的の下に価値観や行動様式が均質化されやすい傾向があります。さらに権力によるこのような方向への強制力が働くと「全体主義」に近づきます。

　このような日本社会の集団主義がどのようにしてできあがったかの説明として，よく島国だからとか，鎖国をしていたからとかいわれることがあります。しかし，ほかの島国で集団主義といえるのはどこでしょうか。フィリピンやインドネシア，ニュージーランドやイギリス，ハワイが集団主義だとは思えませ

ん。鎖国をしていたということは，関係があるかもしれないので何ともいえませんが，わたしは，明治以来の殖産興業，富国強兵を進めるための教育政策や軍国主義下の全体主義教育，さらに戦後の復興から高度経済成長を支えた教育など，日本が進めてきた教育政策（家庭教育，学校教育，社会教育）によって強化し固められたものが「滅私奉公」の集団主義なのではないかと考えています。それは今日でも続けられています。次のようなエピソードがそれを裏づけていると考えられます。

事例1：みんなと違う——小学校1年生の帰りの会で

　もう10数年前になると思いますが，知り合いの小学校の先生から聞いた話です。その先生は，その年の3月に担任をしていた6年生を卒業させ，新年度から1年生の担任になったばかりでした。「1年生，ほんとうに可愛いんですよ」と言いながらも，始業式から三日後，帰りの会でのできごとを語ってくれました。子どもたちの家族が心配していると思うので，「子どもたちは何とか学校というところを理解しつつあるのでご安心ください。ただ，環境の変化でへとへとに疲れているので，家ではゆっくり休ませてあげてください。…」というようなプリントを作って子どもに持たせようとして配ったら，一枚足りなかったのだそうです。そこで，号令をかけたり元気に頑張っているクラス委員の子に，職員室に行って1枚コピーしてもらってきてと頼んだところ，ちゃんとその大役を果たしてくれたのだそうです。そこで，足りなかった子にそのコピーを渡そうとすると，受け取らないので，「どうして」と聞くと，「いらない」と言う。「あなたじゃなくて，おうちに持っていってちょうだい」と言っても，「いらない」。さらに「どうして」と聞くと泣き出してしまったのだそうです。そして，しばらく話しかけてなだめていると，最後に，泣きじゃくりながら「みんなと違う」と言ったのだそうです。それで先生も分かって，みんなに配ったのは，藁半紙の茶色い紙だったのにこの子に渡そうとしているのがコピー用紙の白いものだったということなのです。その問答を聞いていたクラス委員の子が「僕のと換えてあげる」といって，何とかその場は収まったのだそうです。それでその先生がいうには，「自分としては子どもたちの個性

を大切にして，互いに違いを認め合い，尊重し合えるような教育を目指しているんだけど，小学校に入ったときからこれなんだから，どんなに画一的な教育のほうが楽か，分かるでしょう？」ということでした。

もう一つ，今度はある女子高校での話です。これは2005年に，わたしが「大学の学部紹介」のイベントでキャリアデザイン学部の説明会に行って，説明が終わって，一通り会場との質疑も終わってからのことでした。

事例2：女子高生が進学先を決める基準
　生徒や保護者がドアから出ていき始め，わたしも片付け始めたくらいのときのことです。階段教室の上の方から3人の女子高生が降りて，わたしのところに来ました。その中の一人が真剣な顔で「先生，質問してもいいですか」と言うので，生徒たちと向き合って「はい。もちろんです」と言いました。すると，その生徒が「先生の学部って，昼ご飯を一緒に食べる友達ができますか」と言うのです。わたしは，一瞬，何のことかわからず，「え？」とかすかに言ったと思いますが，その生徒たちの表情が真剣なので，そうかと合点がいきました。そして，「うん。うちの学部は入学してすぐ1年生全員の合同オリエンテーションもあって，心配しなくても友達ができますよ。学生たちはみんな仲がいいですよ」と言うと，3人は明るい笑顔になって，互いに目配せをして，3人で「ありがとうございます」と言ってドアのほうに向かいました。

皆さんは，この女子高生の気持ちが分かりますよね？　最近は「便所飯」とか「トイレ飯」とかいって，一緒に食べる相手がいないときは，トイレの個室で食べるという例が取り上げられ，話題となっています。土井隆義（2004 pp.45-46）でも紹介されています。大学に帰ってわたしのゼミの3, 4年生の学生たちにこの話をしたら，3年生の女子が「社会人学生なら別だけど，高卒入学だと，女子が学食で一人座って食べているというのはねえ…。絵になりませんよ」という反応でした。皆さんもキャリアデザイン学部でよかったですね。
　冗談はさておき，「みんなと違う」ということに対する恐怖は，集団主義の

人間関係の中から生まれるのだと思います。小学校に入学したときからすでに身につけている「みんなと一緒」という価値観は，さらに学校教育を通じて，班活動や委員会活動，掃除当番など，ありとあらゆる活動を通じて，協力，協調の訓練がなされ，それらの評価も「連帯責任」ということで，自分の落ち度がみんなの評価につながってしまうという心理的プレッシャーが課せられます。このような学校文化は，表のカリキュラムや隠れたカリキュラム（hidden curriculum）を通して，子どもたちの，自分の都合より集団の都合を優先した行動様式を採ることが「当然」とする意識を作り上げていきます。そして大人になって，その大人たちがまた教育によってそのような子どもを「再生産」していると考えられます。このような集団主義を身につけた人間は，戦前から戦後，今日に続く，日本社会の製造業を支え発展させてきたのではないでしょうか。均質な製品を効率よく造り上げていくためには，会社人間となってくれ，かつ均質で協調的な人々が必要だからです。それが，今後は分かりませんが，今日の産業構造の急激な変化が始まっている中でも，今なお続いているのです。

　ところで，このように見てくると集団主義自体が問題を持っているように思われるかもしれませんが，「一人はみんなのために，みんなは一人のために」という言葉に象徴されるように，個人と集団がバランスを取り，弱肉強食の競争社会ではなく，集団に奉仕しようとする一人一人が尊重される社会であれば，生きやすいのではないでしょうか。わたしなども，多少自分が犠牲を払っても，努力して帰属集団に貢献でき，そのことが評価されたときは，心から嬉しく思います。それはわたし個人の価値観が帰属社会である日本の社会規範に影響されているからかもしれません。そうではあっても，自分なりに精一杯努力することが帰属集団に認められ，帰属集団がよりよく変わることにつながるのは，第3回の3-1）で引用したバーバラ・ロゴフの言葉でも分かるように，個人主義と言われるアメリカ人も含めて，多くの人にとって，喜ばしく思われるのではないでしょうか。

　問題なのは，集団主義とか個人主義とか，それ自体にあるのではなくて，その現れ方にあるのだと思います。集団主義の文化も個人主義の文化も互いの文化から学んで，相手の文化のよいところを取り入れ，自らの文化の問題な部分を変革していくことが必要だと思います。次の事例（山田 1996 p.28）を読んで

考えてみてください。

事例3：対人恐怖症の日米比較

　だいぶ前（1989年）のことですが、「「文化と人間」の会」という文化の相違を超えてかかわり合う人々のことを考える学会の研究会でのことです。その当時アメリカのミシガン大学博士課程在学で、日本とアメリカの対人恐怖症の対照研究をしていたスティーブン・カズンズさんという若い研究者の「人間観と神経症——日本とアメリカ」と題した発表についての話です。彼は、アメリカの対人恐怖症と日本の対人恐怖症について対照研究を続けてきました。アメリカで一般的なのは「広場恐怖症」ともいうもので、自分が知らない人の中に行けなくなってしまうものだそうです。ところが、日本で一般的なのは不登校や会社に行けなくなるなど、知っている人の中に行けなくなるものだということが分かったというのです。この発表を聞いていた異文化間心理学の専門家が、この研究を高く評価し、コメントとして、心理学では現象を解釈するのは慎重にしなければいけないとしながらも次のように言いました。「アメリカ社会では、子どものときからインディペンデント（人に頼るな）が強調されるが、日本社会では帰属集団内での協調が求められる。それぞれの社会で、人はその社会規範に沿った行動をしようとするが、それができない弱さを持った人の神経症として、対人恐怖症が発症する。アメリカと日本では社会規範が違うので、症状としても違った形で現れると考えられる」。

　ここから重要な教訓が学べるのではないでしょうか。日本とアメリカとで対立するような行動様式が求められますが、それぞれが過度に求められると問題が起こる場合もあり、人間にとっては自立も協調もバランスを取ることが大切だということです。ここに個人と集団の調和ということの必要性が理解されるでしょう。これら、日本とアメリカがそれぞれの社会規範を教育によってどのように子どもたちの文化としていくのかについては、ちょっと古いですが、恒吉（1994）が参考になると思います。

2) 心の中の国境線

次に，日本文化の特徴として，外国人に対し距離を置くということがありますが，このことについて考えてみましょう。

すでに述べたように，日本では「人の気持ちになって考える」ということが行動様式として尊ばれます。このことは，多くの外国人留学生などからも素晴らしいこととして指摘されます。わたしもそれができることは人とかかわる上で大切な能力だと思います。ところで「人の気持ち」というときの「人」とはだれを指すのでしょうか。皆さんはどう思いますか。わたしは，多くの日本人の場合，自分と相手との距離で一定の範囲が想定されていると思います。もちろん，家族や仲間，学校や地域社会，同じ分野に興味関心を持つ集団などは，「人」に入ります。ところがどうでしょうか，わたしには（多くの日本人の場合）この範囲は日本という国境線でとどまり，それを超えることがないように思われます。次は新聞への投書ですが，この事例を見てください。

事例4：「外人」さんがいるだろう

これも，だいぶ昔の新聞投書で正確には記憶していませんが次のようなものだったと思います。中年のアメリカ人男性からのものでしたが，たいへん興味深いものでした。

そのかたは，朝のラッシュが終わった電車で座席に座っていたということです。そうすると，数人の小さな子どもたちが，車内でふざけ回っていたのだそうです。ちょっと離れたところにこの子どもたちの母親だと思われる女性たちが数人，立ち話に熱中していたということです。ああ，いつもの日本社会のお子様天国かと思っていたら，その日は違って，たいへんびっくりしたのだそうです。自分の隣に座っていた中年の男性が，その子どもたちに向かって，「静かにしなさい」と注意したというのです。日本人でもほかの子どもを注意する大人がいるんだと思ったが，次の瞬間，さらにびっくりしたのだそうです。その男性が子どもたちに向かって言った言葉が，「外人さんがいるだろう」。

この事例でも分かるように，男性は「よそ」の子ではなく，「うち」の子ど

もたちだと感じていたから,「静かにしなさい」と注意したのだと思います。では「うち」と対照的なその反対側の「よそ」にいるのは,「外人さんがいるだろう」と言われた「外(国)人」ということになります。ここでは「外人さん」の気持ちを考えて子どもたちに注意しているように思われますが,見ず知らずの子どもたちとこれも見ず知らずの「外人さん」とでは,子どもたちについては同じ日本人と思っての身内意識,つまり「うちの子どもたち」意識があって,「外人さん」との間にはっきりと線が引かれているのではないでしょうか。ですからこの言動は,「外人さん」の気持ちを考えてというよりは,うちの恥をソト(ヨソ)の「外人さん」にさらすことをはばかる気持ちの現れ,と考えたほうがよいのではないでしょうか。多くの外国人は,日本人が言う「外人」という言葉には,自分たちは日本人の仲間には入れないというニュアンスが感じられ好きではないといいます。皆さんも,これからは「外人」と言わず「外国人」と言ってはどうでしょうか。それはさておき,この事例でも分かるように,わたしは,日本人の心の中にはウチとソト(ヨソ)を分ける心理的国境線が引かれているのではないかと考えます。

　次に,これら日本人の「ウチ」意識から日本文化や日本人の心理を考える上で古典的な文献を挙げておきますので,参考にしてください。土居(2007)は「ウチ」と「ソト」という用語を使い,中根(1967)は「ウチ」と「ヨソ」という用語を使っています。それは二人の専門分野(土居が心理学,中根が文化人類学)の相違による[*1]と考えられます。

3) 学ばされる文化

　では,このような「ウチ意識」を持ちながら,あまり外国人をウチに入れない傾向がある日本文化はどのようにしてできたのでしょうか。1)で集団主義を考えたときに,それらは教育によって作られたとしましたが,同じく「ウチとソト(ヨソ)との間にはっきりと線を引く」文化も集団主義と密接不可分であり,これも教育によって作られたと考えます。明治以来,西洋文化に対しては学ぶべき対象として「別格」として扱い,欧米人に対しても日本人とは違う高等な人々として,一般人の多くは「敬遠」していたと思われます。さらに,日本や日本人も本来そこに属するアジアの国々やアジアの人々に対してはどう

でしょうか。わたしは，明治維新より前，つまり江戸時代までは，ごく一部の特権階級以外は日本はほかのアジアの国々についてほとんど意識もしていなかったと思われます（つまり近代国民国家になる前の日本の人々が，自分自身を「日本人」として意識していることはなかったと思います）が，下に見たり優越感を持ったりということはなかったと思います。朱子学や陽明学，洋学を学んだ学者もあるわけですし，国学にしても日本が優れた国であるとはしますが，他を蛮族の国などとはしていないわけですから，出会ったことすらない相手を蔑んではいなかったと考えられます。

　ところが，日本がアジアの植民地化，占領地化を進める過程で，その正当性を担保するための理由として，日本とその他のアジアの国々との間には歴然とした差異があって，日本は兄であり，弟，妹であるその他のアジアの国々を，列強の植民地化から解放する責任があるという教育がなされます。それによって，結果的に日本人と他のアジアの人々の間にも線が引かれていったのです。これらのことについては当時の学校教育の教科書を見ればよく分かります。次は，吉岡数子さんの回想記である『「在満少国民」の20世紀　平和と人権の語り部として』(p.33) から，吉岡さんも使ったという旧満州における日本人学校用官製教科書の抜粋[*2]です。

　　……御稜威(みいつ)が朝鮮に及ぶにつれて天皇の御恵みのもとに平和を楽しんでいる我が国の様子がこの地方にも知れわたりました。その上朝鮮半島が大陸と我が国とをつなぐ橋のように長く海中に突き出ているので，ここから我が国をしたって多くの人々が渡来するようになりました。これらの人々は我が国に住んで大陸の文明を伝えまったく皇国の臣民となりました。
　　……

　古代から近隣の国の人々が天皇の威光をしたって渡来し，「皇国の臣民」となったと，「皇民化」（当時採られた植民地，占領地等の人々を「天皇の国における家来の民」とする）政策を正当化して教えています。これらの教育を受けて終戦後すぐ，家族に連れられて引き揚げてきた元「小国民」の感性は次のエピソードで分かると思います。これは，10年ほど前にあるワークショップで70歳代

の男性から伺った話です。その男性は，旧満州で教育を受け，運よく終戦の年には家族と引き揚げてくることができたのだそうです。

事例5：日本人が工夫をやるの？
　少年の両親の実家が京都にあったので，下関から京都に向かう列車に乗ったときのことでした。座席に座ってしばらくして，列車が動き出し駅の構内をゆっくりと進んでいくと，線路工夫たちが汽車をやり過ごすために，路肩に立って隣どうし大きな声で話をしていました。その声が，開け放した窓から聞こえてきてびっくりしたのです。工夫たちが話している言葉が日本語なのです。少年は，内地では日本人が工夫のような仕事までやるんだと，満州では考えてもみなかったことに気づいたのだそうです。

　これらの例は，旧満州の教育を受けた人たちの話ですが，まったく同じことが内地の教育でもなされていたのです。さらに，内地では周りには日本人ばかりがいるわけですから，別の民族と身近に暮らしていた植民地や占領地等より相手に対する「想像力」が働かない状態で学ばされていたのです。「ウチとソト（ヨソ）との間にはっきりと線を引」きながら，「ソト（ヨソ）」を下に見るという「文化」を身につけていったわけです。このことについては，野田正彰（1998）が参考になります。

2　文化相対主義

　それでは，今回のメインテーマの「文化相対主義」とは何かを考えていきましょう。今回はここまで，日本文化の特徴を中心に，個人の文化は帰属集団によって学ばされ，帰属社会の文化に強く影響されるということを見てきたわけです。それぞれの帰属集団が違う個人どうしが互いに自らの文化と相手の文化に優劣がなく，対等なのだと考えること，それをすべての文化に敷衍して適応することが「文化相対主義」であり，「主義」とあるように，なんらかの集団が決めた約束事なのです。では，どうしてそのような約束が必要なのか考えてみましょう。

1) 文化の相違

　その前に，集団間の文化の違いをどうとらえたらよいでしょうか。皆さんは，文化の違いを感じたことがあるということですから，「文化」とは帰属集団や個人等によって「違うもの」と考えているわけです。「文化の違い」というと，よく，お互いに人間としての共通性を考えると違いはわずかで，文化は違わないと考えたほうがよいのではないかなどと言われることがあります。そして，それはそのとおりと思われます。そう考えた上で，「わずか」ではあっても相違を理解しておいたほうが問題が起こらないし，自らの文化を見直し，ひいてはよりよいものに変革していけるということを，前回（第3回）は見てきました。ですからこの授業では文化には違いがあるという立場を採ります。しかし，文化のステレオタイプ（stereotype：紋切り型，固定観念）には問題もあるので注意がいります。すでに，ステレオタイプという言葉は使いましたが，どういうことがステレオタイプかを例を挙げてみましょう。今から8年くらい前の話ですが，国内線の機内放送で落語を聞いていたとき「なるほど」と思ったものです。噺家がだれか，何という噺か，正確な噺の筋は控えておかなかったので分かりませんが，まあ，こんな噺だったのではないかということでお示ししたいと思います。今回はこのような例が多くてすみません。

　事例6：機内落語で聞いたタイタニックの小噺
　　タイタニックが氷山に衝突して沈みかけていたときのことです。船の甲板員は乗客を救命ボートに誘導するのですが，船内はパニックになっていて，皆，われ先にと救命ボート目指して押し合いへし合いをしている中での話です。救命ボートにはまず子どもと女性と老人などを乗せていて，それ以外の男性は乗せていなかったのですが，それでもひっきりなしに「どうしてだ。乗せろ」と言ってきます。そんな乗客に対して，船員は，相手がどこの国の人かで違った説得の言葉を使うのですが，これがうまくいっているようです。まず，イギリス人に対しては「あなたは，紳士です」と言うとすごすごと引き下がります。アメリカ人に対しては「あなたは，ヒーローだ」。ドイツ人に対しては「これは規則です」。そして日本人に対しては「みなさん，そうしてらっしゃいます」。…

わたしは機内放送のイヤホンで聴いていたのですが,「日本人に対しては…」で吹き出してしまったのを隣の人に見られたような気がしました。まさにこれがステレオタイプの見本のようなものと思います。わたしたちの中には，それぞれの国の文化に対して決めつけている固定観念があり，それは何かの拍子に表れます。いつどのようにしてそのような固定観念ができたのか分からないのですが，いつの間にか「女性はこう，男性はこう」といった決めつけがあったり，それぞれ人種，出身大学，出身地域，階層などさまざまなカテゴリーによっても決めつけがあります。事例6のような笑い飛ばせるものはまだよいとしても，中には人格を否定したり，差別的なものも少なくありません。ですから，一人一人が持っている特定の文化に対するステレオタイプには，自らが慎重になり，ほんとうにそうなのか，その集団のどれほどの人がそうなのか，それはほかの集団にも当てはまらないのかなど，適切に判断しようとする努力はしてほしいものです。最も大切なことは，ほとんどの人にはさまざまな集団の文化に対するステレオタイプが存在することを自覚するということでしょう。

　その上で，文化というのは，帰属集団ごとに互いにこちらから見ればあちらが違っていて，あちらから見ればこちらが違っているのだということを理解する必要があります。あの文化はおかしいと思うということは，相手の文化から見てこちらの文化もおかしいということである可能性が否定できないわけです。このような文化の違いをどちらかを基準として他方を判断するという一方向の見方をするのではなくて，双方向の見方をするというときに，互いに違っているという意味を込めて「文化の相違」と言っています。別に「文化の違い」でいいじゃないかというかもしれませんね。それでもいいですが，「相違」といったときに込めている気持ちは理解してほしいと思います。

2) 文化の優劣

　そうは言っても一人一人は文化の優劣をつけているはずだというグループの発表がありましたね。わたしも，すぐ上でほとんどの人にステレオタイプが存在するといいました。ちょっと逆説的になりますが，だからこそ「文化相対主義」が必要なのです。ちょっと次の例を考えてみましょう。

　文化を考えるときに入門書として一冊挙げろといわれたら，わたしが決まっ

て推薦する本があります。それは，マジョリー・F・ヴァーガスの『非言語コ(ノンバーバル)ミュニケーション』です。そうですね，だいぶ古い本です。ですが，よい本なので今でもその価値が下がることはありません。余談ですが，わたしがこの本の価値に気づかされたのは，今から20年ほども前のことです。前回（第3回），多文化理解クイズの「花火の事故」を扱ったところで，わたしが東京の女子大で異文化間コミュニケーション概説という科目を担当していたといいましたが，覚えていますか。実は，この異文化間コミュニケーション概説を最初に持った年度に，参考図書として学生たちに読むのを勧めました。そうしたら，中国からの留学生が，全部読み通したといってわたしのところにやって来て，「自分が日本語で書かれた本で一冊読み通したのはこの本がはじめてです。本当に面白かったです。この本は参考図書ではなくて，この授業の教科書にして皆さんに必ず読んでもらったほうがいいです」と言われ，その後，教科書にしました。この学生は卒業後，日本語学校時代に知り合ったアメリカ人の青年と結婚し，日本で子育てをした後，今はアメリカで舅，姑さんと一緒に大家族で暮らしています。その間，日本の著名な作家の小説を中国語に翻訳したりもしました。まさに，多文化を生きている女性となっています。それは，この本の著者の生き方や考え方と似ていると感じます。この本のよいところは，一人称で語ってくれるところです。わたしも論文であれ，著書であれ著者が現れない文章は読み手として著者と対話ができなくて，どうもピンときません。まあ，ぜひ読んでみてください。文化についてだけでなくて，それこそ書名の非言語(ノンバーバル)コミュニケーションについても楽しく学べます。

　だいぶ，脇道にそれてしまいましたが軌道修正をしましょう。個人が持っている文化の優劣観についての言及が，その『非言語(ノンバーバル)コミュニケーション』中の「さまざまな奇形化」という項目に書いてあります（pp.40-43）。その内容について紹介したいと思います。

　世界中にはさまざまな奇形化があるとして，東アフリカのキクユ族の娘たちが耳たぶを長くするもの，西部エスキモーの「唇かざり（ラブレット）」，アフリカチャド湖地方のサラ族女性の「唇の円盤」，中央アメリカのオルメック族とボルネオの部族の扁平な額，北アメリカ東北部沿岸や太平洋のニューヘブリデス諸島の後頭部の扁平やとんがり頭，中国でのかつての纏足(てんそく)の因襲，ビルマ

のパダウン族の「ろくろっ首」などを紹介した後で次のように語っています。

　　無学な人たちは、このような肉体の奇形化を「アンシビライズド（未開な）」とか「バーバリック（野蛮な）」なものとして馬鹿にするだろう。だがそのような決めつけ方は、その人の無知、いやそれ以上のことを示している。「アンシビライズド」とは「文明が欠如している」という意味だ。そこで紹介してきたような風習は、「何が人間を魅力的にするか」について、私たちとは異なる概念をもっている異文明、異文化の中での風習なのである。「異なる」と言うことは「欠如している」ことと同じではない。ただある風習が奇妙であるからといって、それが悪いもの、劣っているものということにはならないのである。

　　「しかし、ただ美しいと思われたいだけに、そんな"つらい（ペインフル）"ことするなんて、アメリカ人なら誰もOKしませんよ。私たちは誰も自分の体にそんな"ひどい（ドラスティック）"ことはしませんよ」と言いはるがんこ者もいよう。

　　ペインフルなことは何もしないだろうか。歯並びを美しくするために、どれほどのことに耐えねばならないか、歯列矯正師の治療室で過ごしたことのある誰にでも聞いてみればいい。歯並びを矯正してもらうのがペインフルでなかったなんて言う人はいないはずだ。

　　ドラスチックなことは何もしないだろうか。シリコンなどの異物を胸部に注入するするための外科手術にくらべたら、耳たぶや鼻の隔壁に穴をあけたり、傷跡をつくるために皮膚を切り取ったりすることなど、何ほどのことがあろう。

　　このようなわけだから、アメリカ人は誰か他人が近づいて来るのを見ると、自分の五感を働かせて、その人の身体的特徴をたっぷりと知覚し、また心中では、その特徴を自分の住んでいる社会の基準や理想像と比較するのだ。もし別の時代に別の場所で生きていたとしたら、その基準も理想像もまったく別なものになっていたかもしれないのに。

　ヴァーガスさんの指摘は、アメリカ人に向けていったものですが、そのまま

現在の日本にも当てはまるのではないでしょうか。ついでにいうと，この本のこの部分のすぐ後に，「眼鏡とコンタクト・レンズ」という項目があるのですが，それは彼女とボリビア人の旦那さんの馴れ初めについて語っているものです。ここでは引用しませんが，ぜひ読んでみてください。文化を越えて人としての共通性で二人が一生をともにするパートナーとなったいきさつが分かります。

　というわけで，文化の優劣をいうのは，自分の文化に囚われて，そこから自由になれないからだということが分かると思います。もちろん，自分の文化を相対的に見ることができるようになることは，そう簡単ではありません。だからこそ相違した文化に属する人たちとかかわることが必要なのです。かかわりを通じて，相手に人としての共通性を感じ，相手を信頼することができたときに，自らの文化も相対的に見ることができる条件が整うのかなと思います。

3) 文化相対主義

　ということで，自らの文化を相対的に見ることができるようになれば問題はないのですが，そうできないことが多い人間社会にあっては，文化相対主義を宣言し，自らにもそうなることを強いるという方法があります。自分は今後の生涯を通じてあまり異文化者とのかかわりはしないという人は，べつに自らの文化を相対化する必要もないわけですから，そのような不自然な行為はやめておいたほうがよいと思います。しかし，なんらかの状況で異文化者とともに同じ目的を持ってかかわっていかなければならなくなる可能性がある人は，文化相対主義を宣言しておいたほうが便利だと思います。もちろんそれには，自分がありのままを主張するということは問題ないのですが，相手と齟齬がある場合は，それを乗り越えるためにいろいろな調整をすることになります。ただし，先にもいったようにそれによって自らが変わり，帰属社会をも変えていく可能性が生まれます。

　カナダのケベック州というフランス語圏では，家庭言語がフランス語や移民の子どもたちは，英語で教育を受ける学校に入学することはできないという州法があるそうです。これは，自らや自らの子どもをの受けるべき教育の選択ができないという意味では，人間に等しく与えられている教育の自由を制限するものです。しかし，カナダにあって言語的・文化的マイノリティ集団を維持す

るためには，あえてその権利を侵害する法律を設けることに踏み切った州民全体の合意があるわけです。つまり，自らの人権として保障されている教育の自由を犠牲にしても，帰属集団の文化を保持するための規制を受け入れるという選択をしたのです。

　文化相対主義とは，いってみればこのケベック州法の考え方に明らかに現れています。人間であればだれもが持っている欲望や自己正当化，自らの文化を主張し合う自由などがありながら，そこに生じる葛藤よりも，互いを認め合うことでともに同じ社会で対等・平等に生きていくために，あえて自らの自由を制限し，すべての文化は相対的で対等であると宣言するものです。本授業では，この文化相対主義を尊重する立場を採って，異文化適応と教育の関係を考えていこうと思います。それには，何となくでも，はっきりとした理由があってでも，不満を感じる人もいると思います。わたしも，自分の学生時代を振り返って考えると，自己主張はしてもよいが，その中で理論的に敗北した側は，相手の理論に従うべきという，強者の理論に与していたと思うのでそれはよく分かります。しかし競争によって勝敗を決するというのは，議論であれ殴り合いであれ，一つの土俵という単一の評価基準を採用することです。社会の多様な評価基準を認めながら互いに調整して共通の目標に向かって協働していくことを考えるために，ここではあえて文化相対主義を貫きたいと思います

　［次回のための宿題］
　宿題1：あなたは，「言語と文化」というとどんなことが思い浮かびますか？　メモしてきてください。

　宿題2：「言語的マイノリティ」といわれる人々の問題にどんなものがありますか。それぞれが事例を調べてきて，班でまとめてください。

*1　心理学では個人を「ウチ」として中心に据え，それ以外のものとして「ソト」をとらえていて，文化人類学では，視点を置く一方の主体を「ウチ」ととらえ，もう一方の客体を「ヨソ」ととらえるということが考えられます。
*2　「満州」官製教科書『皇国の姿』上巻，「在満」教務部発行の「二　大和中心の日本」の記述だということが記されています。

第5回

5

文化と「言語」

　前回からの宿題は，次の二つでしたね。まず，各グループでのとりまとめをお願いします。二問ですから，時間は15分でまとめて用紙に書き込んでください，ではお願いします。

［前回の宿題］
宿題1：あなたは，「言語と文化」というとどんなことが思い浮かびますか？

宿題2：「言語的マイノリティ」といわれる人々の問題にどんなものがありますか。それぞれが事例を調べてきて，班でまとめてください。

1　言葉と文化の関係

　今回が第5回で，この後第8回までの4回にわたって，言葉と文化と人間の関係について考えたいと思います。わたしは，もともと日本語教師で，これまでいろいろな母語・母文化を持った人たちとかかわってきました。日本語を教えるという職業をとおして，多くの学習者の文化や，わたしも学習者とともに，わたしたちが生きている社会集団とか世界とかについて学んできました。どんなことを学んで，どんなことを考えてきたかについては，ここで紹介する余裕がありません。興味があれば山田（2003 pp.5-22）をご覧ください。大きな図書館にはあると思います。

ということで，人が生きていく上で言葉の問題は大きな位置を占めていると考えています。人間は社会的存在だといわれますが，人が社会とつながっていくための媒介となるのが「ことば」です。そして帰属集団の文化を受け継ぐのも言葉によるところが少なくありません。それに，言葉は意味のやりとりをする記号と考えられがちですが，記号というだけではなくて，感覚，感情，喜怒哀楽を育むものでもあります。今回から4回で，この「人と文化と言葉の関係」について考え，言葉の習得と社会参加について，日本社会を中心に，どんな問題があるか見ていきたいと思います。この授業が日本語教育関係科目群の一つであり，かつ前期・後期とも若干視点を変えて開講しているのは，日本語教育の諸科目を学ぶ上で，（わたしが考える）基本的な視点を持ってもらうためです。

　では，まずいくつかのグループに宿題1を発表してもらいましょう。宿題2は今回は発表しません。こちらは記入した用紙を提出いただき，第8回目が「社会参加と言語・文化（言語・文化的マイノリティ）」というテーマですが，取りまとめたものをここで使わせていただきます。それでは，宿題1をお願いしましょう。

1) 「言語と文化」から思い浮かぶもの
　なるほど，「言語そのものが文化」ですか。さすがに皆さんのとらえ方には鋭いものがあります。「三回忌」や「お宮参り」，「クリスマス」という日本語を他の言葉に翻訳してもその実態については伝えられない，これらの行事について社会での位置づけやこれらに臨む人々の気持ちなどは日本文化でしか解釈できないという意見がありました。逆にイスラムを世界的宗教文化として言語を超えて共通に信者がいるということ，しかし，コーランはアラビア語で書かれていて本来他の言語に翻訳してはいけないと指摘したグループがありましたね。イスラム文化について詳しいですね。なるほど中学生のときにドバイに住んでいたんですね。でも，ドバイの日本人学校でそこまで現地文化を学べたのは，先生がすばらしかったのですね。インドネシアやマレーシアなど庶民レベルでは母語しか理解できなくても，アラビア語のコーランの教えに従ったイスラムを信仰しているんですね。これは，世界的宗教といわれるものなら仏教でも，キリスト教でも同じですよね。わたしもタイ人やスリランカ人とは同じ仏

教徒として文化の近さを感じた経験があります。別のグループの発表で，きれいな言葉とか，上品な言葉とか，その人の属している文化的ステイタスを言葉で表すという指摘もありましたね。これは，方言と地域の文化について指摘してくれたグループと近いかもしれません。よく故郷の「方言」などといいますけど，これは正確には「地域方言」で，「階層方言」や「男言葉，女言葉」といった性別の方言，若者言葉などと同じ日本語での言葉の変種というものですね。それぞれの言葉を話す社会の文化があるということですね。それと，英語が世界中で学ばれていたり，アメリカ文化が世界中に広まっているという指摘がありました。アメリカという経済的，軍事的大国，つまり「強い国」の言語や文化がほかの世界中の国々に浸透していくという指摘でした。

　どれも，なるほどと思ってしまう，すばらしい指摘です。各グループから提出してもらったものにわたしのコメントを付けて来週返却しますので，見てください。

2) 言葉によって見える世界

　サピア・ウォーフの仮説というのがあります。わたしたちは自らの言葉によって世界を見ているというようなことです。サピアとウォーフという二人の研究成果について，ほかの研究者たちが「仮説」としていっているものです。サピア，ウォーフ (1970) の翻訳をした言語学者の池上嘉彦がその本の「解説」(p.249) で「サピア・ウォーフの仮説」について次のようにいっています。

　「言語の機能とは単に経験したことを報告するということだけでなく，われわれに対して経験の仕方を規定することである」。

　エスキモーは，雪に関してその様態（降っている雪，積もっている雪，イグール（雪の家）などを造るための固めたブロック状の雪）により三つの個別語があるといったことが例に挙げられています。これには，皆さんも納得するのではないでしょうか。日本語では，雨について降り方によって「夕立」とか「五月雨」とか「霧雨」とか「糠雨」とか，いろいろな語彙があって，今降っている雨を見てそのどれかを当てはめていますからね。

　このことの説明に，わたしがよく例に挙げるのが，英語の「love」に当たる日本語が「愛」と「恋」という二つがあることです。英語人の人生では，「love」

という経験をするのですが，日本人は「愛」したり，「恋」したりと，明らかに違った別の経験をするわけです。もう一つ，「恋愛」という言葉もありますよね。

　わたしたちにとって，新たな「経験すべきこと」ができて，それに当てはまる語がこれまである語彙の中から選ばれたり，新しい語が使われたりします。そしてその語が定着すると，その語に応じて人はその経験をするのです。例えば，20年くらい前になるでしょうか，「ボランティア」という言葉が一般的になってきて，ボランティアという経験をする人が大勢出てきたわけです。前にもいいましたが，江戸時代以前に庶民の中で「日本人」はほとんどいなかったのではないでしょうか。それが明治維新になって，外国とのかかわりが密になって，「日本」「日本人」という言葉が一般的になって，日本人としての人生を経験する人も一般的になってきたといえるでしょう。

　わたしは1980年代の前半に中国に2年間ほど住んでいましたが，そのとき中国人にこの木は何という木だと聞くと，「これは木だ」と言うのでがっかりしたことがあります。逆に中国人から，日本人はどうして木の名前を知りたがるのだと質問されて困ってしまいました。魚も同じで，鯉と石首魚，鰻，鮃くらいは区別がありますが，そのほかになると，「黒い魚」，「青い魚」とか「川魚」，「海魚」とかというくらいで，それが名前かと思ってしまいました。しかし，豚や羊など肉の部位の言い方は細かく分かれていてびっくりしましたが，当時のわたしは，肉の部位はどうでもよいものとして「脂身」と「赤身」くらいしか気にしていませんでした。日本でも，今は，肉の部位を気にするようですが，当時は一般的には多くの日本人はわたしとそんなに違っていなかったと思います。それと中国語の親族名称がきちんと決まっているのには戸惑いました。日本語の話し言葉だったらすべて「おじさん」ですませるところを，母の弟，母の兄，父の弟，父の兄がみんな違った語があって使い分けるのは困りました。わたしはいまだに「母の兄」，「父の弟」と言っています。

　ところで，日本語教師をしていると，ほぼ毎日，学習者からの思ってもいなかった質問に出会い，うなってしまうことがあります。あるとき，オーストラリアの学生から，「日本語のオノマトペ（onomatopoeia 擬音・擬態・擬声語）はたくさんあるが，どうして痛みを表す擬態語があるのかが分からない。大人が子

どもに言葉を教えるとき，今あなたのお腹の痛さはシクシクですよなどと教えられるとは思えない。いったいどうやって教えるのか」と質問されました。痛みを感じているのは子ども当人で，大人ではないのでこの疑問はもっともなのですが，それにわたし自身も自分の子どもが頭がズキズキすると言っているのに，そのズキズキをどうやって教えたかの記憶がなく，とうとううなってしまいました。その後，その学生は，日本語のオノマトペで卒業論文を書きましたが，この疑問は解けなかったようです。どうやって痛みのオノマトペを習得するかは疑問ですが，わたしたち日本人は痛みのオノマトペで，痛みを感じているのだろうと思います。同じ頭でもシクシク，チクチク，ピリピリ，ズキズキ，ガンガンでは，痛みの質や強さが違っているのですね。

　以上は語彙レベルの例でしたが，日本語でよく言われるのが「敬語」表現です。日本語学や日本語教育では，「待遇表現」といっています。もちろん，語彙レベルでも相手との関係で体系的に違った語を使いますが，文レベルでも，頼む相手によって「それ，取って」を使うか「申し訳ありませんが，それを取っていただけないでしょうか」を使うかといった表現の選択が必要となります。次に，この敬語も含めて日本人の感性（実はそれは日本文化と表裏一体なのですが）について見ていきたいと思います。

2　日本文化と言葉

1) 日本語の「敬意（待遇）表現」

　日本語の待遇表現というと，以前は「尊敬語」，「謙譲語」，「丁寧語」の三種類とされていましたが，2007年2月2日に文化審議会国語分科会（旧国語審議会）から「敬語の指針」が答申され，謙譲語がⅠとⅡに分けられ，さらに「美化語」が追加されました。これらについての説明は後でしますが，まず上からの関係で，日本社会に待遇表現があることによって，人と人の関係上「待遇」のあり方に配慮する社会が存在しているのかもしれないということを考えてみましょう。

　『橋のない川』で有名な住井すゑさんが，奈良から移り住んだ夫の郷里茨城県牛久町（現牛久市）付近の方言について書いた文章を何かの雑誌で読みました。

何に書いてあったかは忘れましたが，わたしもこの同じ方言を話す地域で生まれ育ったので，その内容は覚えています。その文章には，この地域の方言には敬語がなくて，だからみんな平等なので民主的でよいというようなことが書かれていました。確かにほかの「敬語」がある地域から来た人々が，この地域の女性も男性も「おれ」と言い，相手が校長先生だろうが村長だろうが，相手に「おめ，あした，いぐが？（おまえは，明日，行くか？）」などというのには，びっくりすると同時に，その言葉を使っている人々には「人は皆平等」という意識があるに違いないと考えてしまうのはしかたがないことだと思います。人々は「（言葉が）経験の仕方を規定する」と考えているからでしょう。そして，それはそうなのでしょうが，さらによくこの地方の方言の使われ方を観察すると別の待遇表現があることが分かります。この方言には，「尊敬語」，「謙譲語」，「丁寧語」はないのですが，「侮蔑語」，「尊大語」，「ぞんざい語」があるのです。つまり，プラスの敬意を表す言い方はないが，マイナスの敬意を表す言い方が存在するのです。わたしなどは子どものとき，育ちがよかったので（？），母親から「おめ」と呼ばれていましたが，先生や先輩からは「いしゃ」と侮蔑語で呼ばれていました。それも男の先生からは「いしゃ」の後に，たいてい「ばかやろ」か「このやろ」を付けて言われていた記憶があります。先生から成績を褒められるときでも，「いしゃ，このやろ，こんだの試験は，ばがにでぎだんだねが。カンニングでもやったんだっぺ」などと言われたと思います。もちろん，先生の顔はやさしくほほえんでいたので，褒めているということは分かるわけです。それに，どうしてもプラスの敬意を表さなければならないときは，いわゆる「標準語」もどきを使っていました。ですから，この地域社会では人と人の関係が平等なのではなかったのです。今は，これらの方言もほとんど聞かれなくなってしまいました。目上の人から親しみを込めて使われた侮蔑語の「いしゃ」を懐かしく思い出されます。

　ということで，「尊敬語」と「侮蔑語」，「謙譲語」と「尊大語」，「丁寧語」と「ぞんざい語」があり，プラスの敬意とマイナスの敬意，あるいはその中立のいずれも表現できる（場合がある）のが日本語なので，日本語の「敬語」と言わずに，より正確に日本語の「待遇表現」と言うわけです。「標準語」でも「侮蔑語」として相手を「きさま」とか「てめえ」とかと言い，「尊大語」として

自分のことを「おれさま」と言い,「ぞんざい語」として「食べる」と言うところを「くう」や「くらう」と言います。わたしたち日本人は,よくも悪くも待遇表現を使いながら,人によって待遇の違いがある社会を作っているといえるのではないでしょうか。よく,「若い人は敬語が使えない」と嘆く「大人」がいますが,学校の部活動での先輩と後輩とのやりとりの言葉を観察していると,曲がりなりにも後輩は先輩に必死で「敬語」らしきものを使っています。それをしないと「てめえ,ため口叩きやがって,…」と叱られるわけです。この「敬語」らしき表現を使う以上,よくも悪くも若者の間でも日本的「待遇」の意識は育っているのだと思います。

2) 文化庁の「敬語の指針」

　それでは,先に触れた文化庁の「敬語の指針」について簡単に紹介します。これまでの「尊敬語」,「謙譲語」,「丁寧語」という三分類が五分類になったといいましたが,それは次のようになったということです。以下は,文化庁『敬語の指針』平成19年2月2日答申の記述に沿っています。

　　尊敬語（「いらっしゃる・おっしゃる」型）
　　　相手側又は第三者の行為・ものごと・状態などについて,その人物を立てて述べるもの。
　　〈該当語例〉
　　　［行為等（動詞,及び動作性の名詞）］
　　　　いらっしゃる,おっしゃる,なさる,召し上がる
　　　　お使いになる,御利用になる,読まれる,始められる
　　　　お導き,御出席,（立てるべき人物からの）御説明
　　　［ものごと等（名詞）］
　　　　お名前,御住所,（立てるべき人物からの）お手紙
　　　［状態等（形容詞など）］
　　　　お忙しい,御立派

　　謙譲語Ⅰ（「伺う」・「申し上げる」型）

　　　　自分側から相手側又は第三者に向かう行為・ものごとなどについて，その向かう先の人物を立てて述べるもの。
　　　　〈該当語例〉
　　　　　　　伺う，申し上げる，お目に掛かる，差し上げる
　　　　　　　お届けする，御案内する
　　　　　　　（立てるべき人物への）お手紙，御説明

　　謙譲語Ⅱ（丁重語）（「参る・申す」型）
　　　　自分側の行為・ものごとなどを，話や文章の相手に対して丁重に述べるもの。
　　　　〈該当語例〉
　　　　　　　参る，申す，いたす，おる
　　　　　　　拙著，小社

　　丁寧語（「です・ます」型）
　　　　話や文章の相手に対して丁寧に述べるもの。
　　　　〈該当語例〉
　　　　　　　です，ます

　　美化語（「お酒・お料理」型）
　　　　ものごとを，美化して述べるもの。
　　　　〈該当語例〉
　　　　　　　お酒，お料理

　それでは，簡単に補足しておきましょう。分かりやすくするためにまず尊敬語と丁寧語を対比して説明します。
　尊敬語は，敬意を表すべき人や集団（上の文化庁の答申で「立てるべき人物」といっているもの）に属している行為や「もの」（者や物），状態などを，一般の語より敬意を高めて言うものです。一般では「いる」と言うところを「いらっしゃる」，同様に「名前」を「お名前」，同様に「忙しい」を「お忙しい」などと

するものです。

　丁寧語は，自らのコミュニケーションの相手（聞き手や読み手）に敬意を払って，一般には言い切りの形が辞書の見出し語の形（終止形）や「～だ／である」というところを，「ます」，「です」を使って丁寧に言うものです。一般では，「夕飯にサンマを食べる」と言うところを「夕飯にサンマを食べます」といったり，同様に「夕飯はサンマだ」と言うところを「夕飯はサンマです」とするものなどです。

　次に，美化語ですが，文化庁ではだれかに対して敬意を表す言い方ではないとし，「ものごとを，美化して述べるもの」としています。しかし，上の（地域）方言の話で「食べる」を「くう」や「くらう」というのがあってこれをわたしは，丁寧表現に対するものとして「ぞんざい表現」といったのですが，美化語も丁寧表現と似ていて，聞き手を意識している表現と考えられます。「食べました」を「くいやがった」，「食べてしまいました」を「くっちめいやがった」などと東京下町の町人言葉で言うのは，東京もマイナス敬意の表現が最近まで残っていたことを示しているのではないでしょうか。それに対して，丁寧語や美化語を使うのはコミュニケーションの相手に配慮しているのだと思います。かつての下町の町人からは，丁寧語も美化語もいずれも，「気取ってやがらあ」と見えたことでしょう。

　そして，謙譲語Ⅰと謙譲語Ⅱですが，これを以前はひとまとめにして，「相手に対して自らがへりくだった表現」ということでよかったわけです。まあ，今でもそう考えてもよいと思いますが，強いて言えば，謙譲語Ⅰがそれを受け継いで変わらない部分で，謙譲語Ⅱは言葉はへりくだった言い方をしていても心の中では相手より下だとは思っていなくて（むしろ尊大に思っていて）言葉にしたものということになるのでしょう。時代劇で殿が家来に対して，「さあ，参るぞ！」と言っているところなどが思い浮かびます。

　というように，一つ一つの表現形がどの待遇表現に当てはまるかを判断するだけでなく，さらにそれぞれの表現形から，現代日本社会に存在する人間関係の文化を明らかにしようとするのは，面白いことではないでしょうか。

5　文化と「言語」

3) 日本語に表れるジェンダー観

「ジェンダー (gender)」という言葉は聞いたことがあるのではないでしょうか。社会学などでは日本語に置き換えると「社会的・文化的性差」などといいます。生物学的性差を「セックス (sex)」,「セクシャリティー (sexuality)」というのに対して，それぞれの集団で男女に社会的あるいは文化的にどのような役割が期待され，どのような属性を持った存在として認識されているかという観点から見た性差がジェンダーです。これまで日本の艶歌で歌われてきた「女」は，その歌詞から見ると，「恋」,「涙」,「耐える」,「待つ」,「頼る」,「着いていく」などがぴったりくる「弱い」, 保護すべき対象としてとらえられていると思います。これは，日本という集団の文化，社会が女性をそのように認識していることを表しているのだと思います。そしてそのようなステレオタイプにかなった女性が「女らしい」と評価され，その逆は「男勝り」と，どちらかといえば特別な存在とされたのではないでしょうか。これが，日本社会の「女性像」，女性に対する「ジェンダー観」の一部だったといえそうです。

　これらの日本社会のジェンダー観は言葉にも表れています。「女性語・男性語」といったり「男言葉・女言葉」といったりするものがあるのです。このようにいうと以前この授業で，男子学生から「うちの高校生の妹なんか男と変わらない言葉で話していますよ。妹が女の友達何人かと話しているのを聞いていると，何人かがオレって言ってますよ」と指摘を受けたことがあります。なるほど，最近は若者から女性語が減ってきているように見受けられます。これも現代社会のジェンダー観を現しているのでしょう。年齢との比較で女性語の現れ方を見てみると面白いでしょうね。このことが日本の男性優位社会が終焉して真の「男女共同参画型社会」になっていくことの兆しだといいのですが，どうでしょうか，それにはもう少し時間がかかると思います。

　一部の女子高校生が女性語を避けて男性語を使うことはあっても，男子高校生が女性語を使うようにはなっていないようです。女子どうしで話していてとっさに「そんなこと言うの，やめろよ」とは言っても，男子どうしで「そんなこと言うの，よして」とは言わないでしょう。えっ，言いますか？

　それから第6回で「言語コミュニケーションと非言語コミュニケーション」というテーマを扱うのですが，非言語コミュニケーション要素というのも言語

コミュニケーション要素と同じく，それが使われるそれぞれの社会に固有の体系があるといわれています。その非言語コミュニケーション要素の例を挙げると，例えば立ち居振る舞いすべてにジェンダーが影響しているわけですが，椅子に座ったときの両脚の格好を考えてみてください。脚を閉じるか開くか，組み方はどうするかなどです。男性と女性では違いがあるのではないでしょうか。国や民族等によっても違いがあるわけですが，最近の日本では女性でも両脚をそろえない人が出始めていますが，逆に男性で両脚をそろえて，それも斜めに倒して座る人はほとんどいないのではないでしょうか。このようなことを観察していると，女子高校生がコミュニケーション形体として「男性化」があるとはいっても，男子高校生の「女性化」は起こっていないといってもよいでしょう。であれば，帰属社会における男性の優位性を暗黙のうちに女性徒も男性徒も承認していると考えてよいのではないでしょうか。

　女性語，男性語がより社会的評価の対象となるのは，社会人になってからです。わたしは，高校生は社会的にはそれほどジェンダーを意識して行動しなくても大目に見られているのだと思います。しかし，その間にしっかりとこの社会にあってどちらの性が優位かを学ばされていると思います。そして社会人になるに従って自らのジェンダーに応じたコミュニケーション形を選択して使用するようになると思われます。上で見てきた敬意表現のうち「美化語」は断然女性に多く使われます。母親が小さな子どもに対して「お靴が汚れますよ」とか，「お帽子かぶってくださいね」などと，丁寧語と美化語（まあ，両方「丁寧表現」としてもよいと思います）を使っているところを目撃します。それも相手が女の子の場合はよけいそうしているようです。女性というジェンダーをコミュニケーション形を通して再生産する営みを続けているといえるのではないでしょうか。女子高生たちが大人になって結婚して子どもを持ったときが楽しみですね。

　「男性語，女性語」の最後に，次の終助詞のうち男性だけが使うものと女性だけが使うもの，両方が使うものを分けてみてください。もちろん「社会人が」ということで分けてください。え？　「終助詞」とは何かって？　文のおしまいに付ける助詞のことです。「おいしいわ！」と言ったときの「わ」です。ちなみにこの「わ」は男性も使っていますよ。ちょっと音調（声の高低，抑揚など

の調子）が，女性と男性では違いますけどね。

　　［質問１］　次の終助詞のうち男性だけが使うものと女性だけが使うもの，両方が使うものを分けてください。
　　　①　よ　　②　ぜ　　③　ね　　④　わ　　⑤　わね
　　　⑥　もん　⑦　ぞ　　⑧　の　　⑨　こと

　おもしろいことに気がついた人がいますね。「よ」は，「だめだよ。」という形では男女とも言うけど，「だめよ。」は主に女性が使うという指摘がありました。なるほど，そうですね。どうしてなんでしょうかね。「だ」が断定の助動詞だということと関係ありそうですね。「始め！」とか「立て！」とかといった学校でよく使う命令表現も，女性の教師は「はい。始めて！」，「はい。立って！」などと言うことが多いようです。その調子で，日本語にある男女によって表現が違うという例を挙げていって，日本文化にある男性観，女性観を探ってみるのも面白いと思います。これも一つの言語社会学のテーマになりますね。
　本項では，ジェンダーを取り上げましたが，セクシャリティについても帰属集団の社会・文化による評価というか，見方が影響します。「性同一性障がい」という言葉を聞いたことがあると思いますが，生物的性差や性的嗜好というのも男性と女性という区別がはっきりしているというわけではありません。その中で，それぞれの社会が持っているジェンダー観と，セクシャリティの多様性をどの程度許容するかは，なんらかの関連があると思います。

4）言語の変化と社会的評価

　文化は受け継がれていくものですが，少しずつ変化もしていることは第3回で見てきました。同様に言語も受け継がれながらも変化しています。その変化の過程では，どの時代にもあったという「近ごろの若い者は」という先輩からの非難の言葉をいただくことが多いと思います。ここ10数年くらいでしょうか，中学生や高校生が気に入らない言動を取る者に対して，関東では「きもい」，関西では「きしょい」と言います。こう言われたほうは，「気持ち悪い」とか「気色悪い」と言われるよりも反発したり，傷ついたりするのだと思います。

そういえば，わたしが高校生のころ（恐ろしいことに40年ほど前ということになります）東京では，「かったるい」をよく使うようになり，人に対しても「てめえ，かったるいんだよ」などと言っていました。それがいつの間にか「むかつく」に変わって，さらに最近この「きもい」，「きしょい」が使われるようになってきたと思います。「きもい」，「きしょい」と言っている世代も「むかつく」はその意味やニュアンスを理解していると思いますが，「かったるい」になると，何となく分かるというぐらいになります。それは，わたしたちの世代が，「きもい」や「きしょい」を聞いても，なるほどなと頭で理解するだけだということと同じだと思います。同時代に同世代を生きていないとこのような語を感性で受け取ることができにくいのでしょう。

　ところが，これもここ10数年のことと思いますが，「ですから」や「だから」という接続詞の代わりに「なので」という接続詞が使われるようになり，論文などでも見かけるようになりました。どちらかというと青年から30歳代くらいの人が多く使っていますが，40, 50歳代でも使っている人がいます。丁寧度が「ですから」と「だから」の中間で，「ですから」というと丁寧過ぎて堅苦しくて，だからといって「だから」だとぞんざいな感じがするので「なので」になったのかもしれません。また一語で両方を兼用するという経済性もあるのだと思います。これについては，かなりの人が使っていますからあまり批判なく定着するのではないかと思います。ただ，わたしなどは，書きことば，特にレポートや論文で「なので」を使っているのを見ると，どうも落ち着かなくて，まだそこに目が留まってしまいます。

　それと，若者たちが同意を求めるときに「これ，いいよねえ」とか，「ちょっと高いよねえ」とかと言うところを，「これって，よくねぇ？」とか，「ちょっと，高くねぇ？」とか語尾を高めて早口で言う言い方が流行っていますね。これも若者どうしで使っていますから，人生の先輩からあれこれ言われることはないと思います。ただ，これに対して言われたほうからの返しで，「かもね」というのとセットになるのを聞いていると，どちらも断定を避けていて，責任回避的やりとりのように思えてしまうのは，わたしだけでしょうか。

　ところで，何といっても，議論が続いてきたのがいわゆる「ラ抜き言葉」でしょう。一段動詞（上一段と下一段動詞）と「来る」（カ行変格活用動詞）の可能

5　文化と「言語」　　97

を表す助動詞「られる」がつくべきところを「れる」がつく現象と説明されるものです。まあ、文法のことはチンプンカンプンという人も多いでしょう。まず、次の質問に答えてみてください。

　　［質問2］　あなたは、次の各組の可能表現のうち、どちらを使いますか。あるいは、両方使いますか。あなたが選ばなかったほうを使うのを聞くとどう思いますか。
　　　① 食べれる／食べられる
　　　② 読める／読まれる
　　　③ 起きれる／起きられる
　　　④ 行ける／行かれる

　上の①と③が一段動詞です。未然形（否定のナイが接続する形）に可能を表す助動詞「られる」をつけるというものです。ところがだんだんと「ラ抜き」が進んで、若い人の中では、「食べられる」と言わずに「食べれる」、「起きられる」と言わずに「起きれる」というほうが一般的になってきました。②「読む」と④「行く」は五段動詞で、こちらは可能を表すのには、未然形に可能の助動詞「れる」をつけるか、同じ意味を表す可能動詞に変えるかするというものです。「読む」は助動詞をつけて「読まれる」とするか、可能動詞にして「読める」とするかです。「行く」も同様に、「行かれる」と「行ける」とするというものです。しかし、どうでしょうか。皆さんの中には、一段動詞では「食べれる」、「起きれる」を使っていいるが、「食べられる」や「起きられる」は許容できるとしても、五段動詞のほうは「読める」、「行ける」であって「読まれる」、「行かれる」はおかしいと思うという人がいるのではないでしょうか。国語辞典の後ろのほうに助動詞活用表というのがありますから、動詞との接続の記述を読んでみてください。「読まれる」、「行かれる」は正しいことになっています。なお、わたしは茨城県の利根川を挟んで千葉県と接する地域で生まれて9歳まで過ごしたので、一段動詞の可能の否定形を「～らんねえ」（食べらんねえ、見らんねえ、起きらんねえ）で言っていたので、その肯定形も「～られる」（食べられる、見られる、起きられる）で定着しています。

ただし，見方を変えると，五段動詞の可能動詞化（読む→読める，走る→走れる，行く→行ける：矢印の右側が可能動詞）と同じ変化のプロセスを一段動詞も歩んでいて，それを「ラ抜き言葉」と呼んでいるだけではないかと思います。次のローマ字で表した可能表現への変化形をじっと見て，それぞれのグループで世話人の人が司会をして，その説明の方法を考えてください。ついでに，最近では「レ足す言葉」と言われる可能表現も生まれています。こちらは，五段動詞の可能動詞化したものの未然形にさらに「れる」がついた表現です（例：読めれる，書けれる，飲めれる）。こちらも，どうしてそのようになるのか仮説を立ててみてください。

（五段）	読む	yom(u)	yom + areru	→	yomareru	読まれる
		yom(u)	yom + eru	→	yomeru	読める
（五段）	走る	hasir(u)	hasir + areru	→	hasirareru	走られる
		hasir(u)	hasir + eru	→	hasireru	走れる
（五段）	行く	ik(u)	ik + areru	→	ikareru	行かれる
		ik(u)	ik + eru	→	ikeru	行ける
（五段）	飲む	nom(u)	nom + areru	→	nomareru	飲まれる
		nom(u)	nom + eru	→	nomeru	飲める

[ラ抜き言葉]

（一段）	食べる	taber(u)	taber + areru	→	taberareru	食べられる
		taber(u)	taber + eru	→	tabereru	食べれる
（一段）	見る	mir(u)	mir + areru	→	mirareru	見られる
		mir(u)	mir + eru	→	mireru	見れる
（一段）	起きる	okir(u)	okir + areru	→	okirareru	起きられる
		okir(u)	okir + eru	→	okireru	起きれる

[レ足す言葉]

|（一段）|飲める|nomer(u)|nomer + eru|→|nomereru|飲めれる|

［質問3］　以上を,「ラ抜き」言葉と言いますが,「読めれる」,「書けれる」,「行けれる」などのような最近聞かれる可能表現を「レ足す」言葉と言います。「レ足す」言葉はどのような経過をたどってできたと考えられますか？

「ラ抜き言葉」については,おそらく定着し,しばらく続くと思います。しかし,「レ足す言葉」の出現でも分かるように,言葉は絶えず変化しています。こちらも文化と同じで,正しいとか正しくないというのは,いつの時代のどのような人にとってそうなのかという,限定つきのものといってよいのではないでしょうか。

［次回のための宿題］
宿題1：あなたのうちで,家族がみんなで乗る車の色は何色ですか？車がない場合は,家族で乗る車を買うとしたら家族は何色の車にすると思いますか。また,車の色を決めるのに何か理由がありますか。

宿題2：あなたは,市議会議員が議場にTシャツ・ジーパンで入ることをどう思いますか。国会の衆参両院に議員が入る場合はどうですか。さらに裁判官が法廷に入る場合はどうですか。

第6回

言語コミュニケーション・非言語コミュニケーション
(バーバル) (ノンバーバル)

　では，まず各グループで恒例の宿題の取りまとめをお願いします。今回は，宿題1，宿題2とも，グループの意見を一つにする必要はありません。宿題1については各人の色とその理由を一覧表にしてもらえばよいでしょう。提出してもらったものを合算して，何色が何人かの統計を次回お知らせします。宿題2についてもどういう意見が出たかを市議会議場と国会と法廷それぞれに分けてまとめてもらって，その理由なども書き込んでください。時間は15分です。宿題の発表は，それぞれが話題になったときに，いくつかのグループにお願いします。

［前回の宿題］
宿題1：あなたのうちで，家族がみんなで乗る車の色は何色ですか？車がない場合は，家族で乗る車を買うとしたら家族は何色の車にすると思いますか。また，車の色を決めるのに何か理由がありますか。

宿題2：あなたは，市議会議員が議場にTシャツ・ジーパンで入ることをどう思いますか。国会の衆参両院に議員が入る場合はどうですか。さらに裁判官が法廷に入る場合はどうですか。

1　コミュニケーションとそのメディア

　皆さんは，コミュニケーションとはなんだと思いますか。「意思の疎通」で

すか。まあ，日本語ではそういうこともありますね。でも，自分が思っていることを伝えるだけではなくて，コミュニケーションには集団の文化が反映していて，第2回の「2 帰属社会とアイデンティティ」で方言の話をしましたが，メンバー間の連帯を確認したり，あるいは意図的，非意図的を問わず自らの感情や気分を伝えたりします。その過程で，ときには誤解や行き違いを生んだりもします。言語は，そのコミュニケーションを成立させるために使われる媒介（メディア media）だということは分かると思います。しかし，コミュニケーションのメディアは言語だけではありません。皆さんはほかにどんなものがあると思いますか。そうですね，今回のテーマから分かるように非言語コミュニケーション（ノンバーバル）に関するさまざまなメディアがありますね。人のうちでもお店でも，あるいは路上でも，そこにある物や植物，いる動物や人などすべてのものとわたしたちは関係を持ち，これまでの自分の体験などから得たそれらとの関係性という先入観に影響されながら，五感を働かせてメッセージのやりとりをしているわけです。例えば人のうちを訪ねて，そのうちの周りの環境，たたずまい，門や玄関の造り，門から玄関までの距離，ノックをしてあるいはベルやインターホンでの来訪を知らせようとしてから相手の反応までの時間，反応の方法，内容など…，玄関のドアが開いて，出てきた人とその背景をなす玄関の内部の様子やにおい，明るさ，相手の物腰，声，そしてその言葉の内容など…，すべてがコミュニケーション要素そのものです。

　ということで，今回は言語（バーバル）と非言語（ノンバーバル）によるコミュニケーションについて，文化との関係で見ていきたいと思います。

1) 表現によって伝えているもの

　わたしたちが，対人コミュニケーション（人と人とのやりとり）で伝え・受け取っているメッセージとはどんなものでしょうか。また，それはどんな媒介（メディア）によっているのでしょうか。まず，次のAさんとBさんのやりとりを読んでみてください。そして，AさんとBさんとの間で，どのような「思い」を伝え合っていると考えられるか，グループで意見交換してください。それはどのような表現によってそういえるかも話し合ってください。

［二人の女性の会話］

　朝，隣りどうしのAさんとBさんが，近所のゴミ置き場にゴミを置きに行って出会いました。Aさんは24歳のOLの娘と20歳の大学生の息子がいる専業主婦で85歳になる姑の世話をしています。Bさんは，共稼ぎの主婦で中学校1年生の女の子と小学校5年生の男の子の二人の子どもがいます。その中学校1年生の女の子はもうすぐレッスンを受けているピアノの発表会があります。

　　A：あ，おはようございます。
　　B：おはようございます。
　　A：お宅のお嬢さんのピアノ，素晴らしいですね。
　　B：いえ，練習してる割に，上達しないんですよ。
　　A：そんなこと…。ゆうべも，ずいぶん遅くまで頑張ってましたよね。
　　B：すいません。できるだけ小さい音でやるようにしてるんですけど。
　　A：そういう意味で，言ったんじゃ…。もう，うち中で聞き惚れてますわ。
　　B：ほんとにすいません。発表会が近いんで，つい…。
　　A：いいんですよ。うちは，毎日，晩はピアノ鑑賞会だって言ってるんですよ。感謝しないとねぇ。

　この会話は，わたしが作ったものなんですが，気持ちのよいやりとりとはいえませんね。各グループの発表を聞いてみましょう。

　今，してもらった各グループの発表でも，Aさんの嫌みはきつい，言葉にとげがある，嫌な感じというものが多いようですね。でも，Aさんの気持ちはよく分かるというグループもありましたね。やはり隣の家のピアノで寝不足気味という人がいたんですね。
　しかしどのグループもAさんの言葉を文字どおりの意味として受け止めたのではなくて，「嫌み」ととらえていますね。ではどうしてそう解釈したのでしょうか。そうですね。まず会話の前提条件というか，会話の前に書いてある状況説明によるものがありますね。Aさんが言った「ずいぶん遅くまで」とか「うち中で聞き惚れている」とか「毎日，晩はピアノ鑑賞会だ」という言葉が，

Bさんが「練習してる割に，上達しない」と言っていることと矛盾していて，しかもあまりにも褒めすぎているということですね。

　もし，この会話場面に直接遭遇していたり，ビデオで見たりして，双方の顔の表情とか，仕草，声の調子なども加わっていたら，さらによくAさんとBさんの「思い」が読みとれたと思います。そんなわけで，人と人のやりとりは，文字化してその文字面そのままを解釈するのと，状況が分かっていたり，五感で感じ取ることができたりするのとはだいぶ違うといえます。さらに加えて，日本語の表現のし方の特徴を理解していると，よりよく判断できると思います。イギリス人のユーモアは有名ですが，日本人は日本人の表現のし方を，イギリス人はイギリス人の表現のし方を，それぞれ理解しているからこそ，同国人（同じ文化に属している者）どうしで間違わずに意思の疎通ができるわけですね。

　では，日本人の表現と日本の文化について，その特徴を少しだけ見ておきましょう。

2）日本人の表現の一特徴

　外国人に指摘される日本人の表現の特徴に「婉曲」と「曖昧」というものがあります。この二つは，同じように解釈されますが，わたしは厳密にいうと違うと思います。婉曲というのは，言葉の意味そのものではなくても，ちゃんと言いたいことは相手に伝わっていると考えられるものです。上の会話の「嫌み」とか「皮肉」と解されるAさんの言葉も婉曲表現でしょう。京都の「ぶぶ漬け（お茶漬け）」は有名ですが，昼時，何の前触れもなく訪ねてきた人に，「何もありませんけど，ぶぶ漬けでも一緒にいかがどすえ」と言って，昼時に訪ねてきた気が利かない訪問者に，早く引き取ることを催促する表現です。このように，同じ文化に属している「一般」の人なら理解できて，直接でなくほのめかす表現が婉曲表現です。

　それに対し，「曖昧表現」は，文字どおり曖昧で，どちらとも取れるとか，何とも理解に苦しむ表現なのだと思います。これは，政治家が得意です。「できうる限り努力して参る所存です」とか「そのようにも考えられなくもないとは思います」とかといった表現です。わたしのここまでの表現もこの後の表現も含め，日本語では，言語コミュニケーション（バーバル）も非言語コミュニケーション（ノンバーバル）も，

建前と本音とが隠れている表現形式をとっていると思われます。そのうち隠れているのが何かが普通は分かる表現が婉曲表現で，分かりにくいものが曖昧表現といえましょう。いずれにしても，相手が解釈して怒り出したり，責められたりしても，言い訳ができる逃げ道を作っておく表現なのではないでしょうか。ですから皆さんは上のAさんの表現に込められたAさんの「思い」が受け止められたのだと思います。しかし，外国人等，日本の文化とそれを反映した表現形に馴染みのない人たちにとっては，婉曲表現だろうと曖昧表現だろうと，いずれも理解しにくいことには変わりありません。外国人とのコミュニケーションではそこをしっかりと理解した上で誤解がないような表現のし方を心がけたいと思います。

3) 言語コミュニケーション要素と非言語コミュニケーション要素

言語コミュニケーション要素には，一般的に「音声，語彙，文法，文字・表記」の四つがあるとされます。「音声」は，発音のし方で，「語彙」とは単語を上位項目から下位項目まで並べた「単語群」とでもいうべきものです。例えば，「哺乳類，動物，ペット，猫，三毛」といったものです。最後の「三毛」は固有名詞のときもありますね。「彙」という文字について，皆さんはこの漢字のついた別の漢語を思い浮かべることができますか。この漢字は象形で，ハリネズミが草やら木の葉やらを針に付けた形態を表しているそうです。「彙纂」（いさん）（分類して，各種のことを集め編む：『三省堂漢和辞典』第四版）とか「彙報」（分類して集めた報告：『広辞苑』第五版）という漢語があるようです。「文法」と「文字・表記」は分かりますね。これら四つの言語コミュニケーション要素は，それぞれの言語で体系があるわけです。もちろん，「文字・表記」のない言語もありますから，その言語では言語コミュニケーション要素は三つということになります。ただ，上で見たように状況などによって表現形の解釈には影響が出ます。また，五感によって感じ取る非言語コミュニケーションがあり，これら言語コミュニケーション要素と合わせて使われ，「思い」が意味として伝わるわけです。それでは，以下は非言語コミュニケーションについて見てみたいと思います。

2 非言語コミュニケーション

　非言語コミュニケーションを考えるに当たって，第4回の2–2)で言及したヴァーガスさんの『非言語コミュニケーション』という文献をもとに見ていきたいと思います。まずこの第1章「ことばならざることば」が非言語コミュニケーションの概要を紹介している部分なので，ここから見てみましょう。

1) 二者間のメッセージ伝達と媒体 (p.15：ページ数はヴァーガス 1992によります。以下同じです。)

　レイ・L・バードウィステルによると，人がコミュニケーションで用いる媒介として，ことば（言語コミュニケーション要素）によって伝えられるメッセージが35％で，ことば以外（非言語コミュニケーション要素）によって伝えられるメッセージが65％だとしているという紹介があります。まあ，この数字がどれだけ現実を忠実に反映しているのかは分かりませんが，非言語コミュニケーション要素のほうが言語コミュニケーション要素より情報伝達量が多いということだと思います。

　皆さんは，今日，玄関を出て学校まで来る間に皆さん自身の家族と会いましたか。もちろん多くの人は「会っていない」と言うでしょうね。それでは，どうしてそう言えるのでしょうか。それは，その間すれ違ったり電車の中やホームの反対側にいた人たち等，あなたの視界に入ったすべての人たちとコミュニケーションをして，確かめているからです。ほとんどの人は，あなたの視界に入ったそれらの人々と言葉を交わすことはなかったと思いますから，非言語コミュニケーションによって確認したのだと思います。

2) 九つの非言語メディア (pp.15-16)

　この文献によると，非言語メディア（非言語コミュニケーション要素）は次の九つとしています。つまり，①人体，②動作，③目，④周辺言語，⑤沈黙，⑥身体接触，⑦対人空間，⑧時間，⑨色彩です。それ以外にも「明るさ（視覚的刺激）」や「匂い（嗅覚刺激）」，「皮膚感覚（皮膚への刺激）」など，さまざまな要素がありますが，文献では，最終章にその他の要素の紹介もあります。まずは，

この九つの要素から，非言語(ノンバーバル)コミュニケーションという普段あまり意識的に考えることの少ない，しかし文化を超えた対人関係を考えるのに，言語と同じかそれ以上に大切な要素を押さえておきたいと思います。

3) 非言語(ノンバーバル)コミュニケーションの差異化の4大要因 (p.16)

　皆さんは，なんらかの「場」に出かけていくときに，その場にあった服装をしていくと思います。例えば，学生の卒業式とか修了式などに私服で出席するとしたらどんな格好をしていくか，ちょっと考えてみてください。そしてその場に臨んだとき，一般的にはあなたと同性の人たちはあなたが見た基準で同じ範疇の格好をしているのを発見するのではないでしょうか。また，異性の人たちにしてもだいたい思ったような格好をしていると思います。ところが，同性にしろ異性にしろ，中には「こんな格好ありかよ」と思うような人たちが混ざっていて注目することもあるのではないでしょうか。わたしは，前職で10年間ほど留学生センターにかかわる仕事をしてきました。ここでは，大学院研究留学生等の6か月の日本語集中コースの修了式を年2回ずつ経験してきましたが，各期とも20〜30人の学生の出身国がかなり違っていたこともあって，出で立ちがたいへんバラエティーに富んでいました。男性でダークスーツにネクタイという学生もいましたが，それらはむしろ少数派で，赤に近い臙脂(えんじ)のジャケットの下にレモンイエローのカッターシャツとか，スペインの闘牛士のようなフリルの付いたシャツと黒いズボンとか，「見せるお洒落」をしている者もいました。そのような中で，普段とまったく変わらないＴシャツにビジネス用のズボンという者もいるわけです。女性はそれぞれのお国柄を表した民族衣装もあり，金髪を30センチほど噴水のように結い上げマドンナ張りの衣装の者，清楚な紺のワンピースに白いジャケットの者など，何でもありでした。

　というわけで，どうして服装の話になったかというと，ヴァーガスさんがこの文献で，非言語(ノンバーバル)コミュニケーションも，言語(バーバル)コミュニケーション同様，その要素が体系化しているが主に四つの要因によって相違があるといっているのですが，分かりやすいようにその例を挙げてみようと思ったからです。その四つの要因というのは，「個人的差異」，「男女性別による差異」，「文化形態による差異」，「状況による差異」だということです。まず四つの要因のはじめに「個

人的差異」が挙げられているのはわたしとしても納得です。人は一人一人どこかが違っていて，それはコミュニケーションにも現れているということですね。上の例でいうと，先に卒業式や修了式で皆さんが体験するであろう服装の様子をいいましたが，似たようでちょっと違う人がいたり，少数でもかなり違う人がいるというわけです。「男女性別による差異」は服装に関しては言わずもがなでしょうが，それであっても「場」（状況）によって，こういうところへはこういう範疇の服装でということの男女とも共通理解がある場合も多いですね。それから「文化形態による差異」は，留学生センターの修了式と先の皆さんの卒業式・修了式との対比から明らかでしょう。「状況による差異」は，例えば場の違いで，修了式と葬式，結婚式では同じセレモニーであっても違いが出るというものです。このように考えると四つの要因が納得されるのではないでしょうか。

4) 言語コミュニケーション（バーバル）と非言語コミュニケーション（ノンバーバル）の関係（pp.17-19）

この項目では，「通常は非言語コミュニケーション（ノンバーバル）とは，話しことばに付随し，それを補足するもの」で双方が一致した「意味」のやりとりをしているといいます。しかし，言語コミュニケーション（バーバル）と非言語コミュニケーション（ノンバーバル）で，「メッセージ間に矛盾がある場合には，私たちはことばによるメッセージよりも，非言語メッセージ（ノンバーバル）の方をどうしても信じたくなる」ものだが，それは非言語コミュニケーション（ノンバーバル）は「ごまかしがきかないもの」（p.18）と思ってしまいがちだからだそうです。

例えば，駅のホームでうずくまって苦しそうにしている人に，「だいじょうぶですか？」と声をかけたら，やっとのことでか細い声で「だいじょうぶです」と答えたとします。その言葉を聞いて「あ，そうですか。じゃあ」と言って立ち去る人はいないだろうということです。その様子や声の調子で「だいじょうぶではない」というメッセージを受け取って，そちらを信じて「ちょっと待ってください。駅員を呼びますから」という行動に出るということです。

5) 非言語コミュニケーション（ノンバーバル）と先入観（pp.20-21）

わたしたちは，メッセージをありのままに解釈するのではなくて，こういう

メッセージはこのように解釈するものだという先入観があって，解釈に影響が及んでいるわけですが，そのことについて例を挙げて説明しています。身長が高いことが「有能」と判断され，企業の採用に有利というアメリカの研究など，興味深いものが紹介されています。

6) 非言語(ノンバーバル)コミュニケーションの習得（pp.21-22）

わたしは，個人的に非言語(ノンバーバル)コミュニケーションを考えるに当たって，この指摘が最も重要だと思っています。それは，これも非言語(ノンバーバル)コミュニケーションは言語(バーバル)コミュニケーション同様，それぞれの社会でしっかりと学習させられ身につけるものだということです。もちろん意識的に学ぶことも少なくないのですが，多くは無意識的に「自然習得」されるものです。仕草や表情，しゃべり方などが，親や兄姉に似たり，自分が信頼している先輩などに似たりということがありますが，これも意識的・無意識的に自らの「ロールモデル（role model 人生の手本）」としているからでしょう。ですから，個々人の非言語(ノンバーバル)コミュニケーションのあり方には，その帰属社会の文化が色濃く反映するわけです。

7) 言語と世界観（pp.23-24）

このことは，第5回の「1−2) 言葉によって見える世界」で，サピア・ウォーフの仮説を紹介しました。「言語の機能とは単に経験したことを報告するということだけでなく，われわれに対して経験の仕方を規定することである」というようなものでしたね。非言語(ノンバーバル)コミュニケーションでも，食事において，ある個人の食べ方がなんらかのメッセージを発し，そのメッセージを受け止めた側が好感を持った意味づけを行い，それらがその帰属集団に共有され，その集団の食事のマナーができていくということがあると思います。そうなると今度はそのマナーに当てはまる食べ方ができるような食べ物ができるようになり，食べるものまで変わっていくといったことが考えられるのではないでしょうか。おそらく日本では，戦前までは食べながら歩くということはよいこととは見なされなかったのが，進駐軍のアメリカ兵がハンバーガーやソフトクリームなどを歩きながら食べているのを見て，それがある種のカッコよさにつながり日本人も真似るようになり，そのような食べ物を普通に食べるようになっています。

今では日常としてコンビニで買ったおでんを発泡スチロールの皿を持って歩きながら食べることがマナー違反と見られなくなりつつあります。つまり日本人の日常の食べ方に歩きながらという，以前なら縁日など特別な場合以外認められていなかった形態が追加されたというわけです。

8）非言語(ノンバーバル)コミュニケーション能力の女性優位（p.25）

女性の非言語(ノンバーバル)コミュニケーション能力は男性に比べて優れていることが指摘されています。その理由はいろいろ考えられていますが，その一つとして，男性従属社会にあって状況を読みとって自らが不利になることを回避する代償技術として発達したのではないかという説も紹介されています。それは，アメリカの黒人が白人に比べて優れていることと同様ではないかというものです。日本ではいったいどうなんでしょうか。社会的な力関係がより弱い者が非言語(ノンバーバル)コミュニケーション能力に優れるようになるとすれば，皆さんがた学生が，もう少し教員の顔色を読んで，教員に好まれるような行動を採ってくれればよいのにと思うのですが。教員が学生の顔色を読むという…，力関係が逆転してきたのでしょうか。

9）非言語(ノンバーバル)コミュニケーションの文化による相違（pp.25-26）

非言語(ノンバーバル)コミュニケーションについて異文化間での相違を知ることは，自文化の評価基準で相手文化を評価することによる無用なトラブルを回避するためにも必要なことだと思います。また，非言語(ノンバーバル)コミュニケーションとは何かを研究するためにも，比較・対照は必要なことと思います。それによって非言語(ノンバーバル)コミュニケーションの理論化や一般化を進め，実際のコミュニケーションに役立てることができれば，異文化間コミュニケーションの意義が高まると思います。ヴァーガスさんは，「この本の目的は，非言語(ノンバーバル)コミュニケーションの範囲と奥行きを知って，一つは他人から発信されることば以外のメッセージに，より聡明に対応できるようになること，もう一つは自分がことば以外の手段で伝達するさまざまなメッセージの意味を理解できるようになることである」（p.25）といっています。

3 非言語(ノンバーバル)コミュニケーションの九つの要素

　それでは，2-2) で取り上げたヴァーガスさんの非言語(ノンバーバル)コミュニケーションの九つの要素について，以下ごくかいつまんで紹介します。詳しくはぜひこの文献を参照ください。

1) 人　体

　この要素には，体型，服装，人種，嗅覚的刺激など人の体に関するものが含まれます。そこで，皆さんにやっていただいた服装についての宿題 2 の発表からお願いしたいと思います。

　　［宿題 2 から］
　　あなたは，市議会議員が議場にＴシャツ・ジーパンで入ることをどう思いますか。国会の衆参両院に議員が入る場合はどうですか。さらに裁判官が法廷に入る場合はどうですか。

　お聞きした四つのグループとも，それぞれがグループの意見としてみんなが納得できるものに一本化できたというのは面白いですね。それで，三つのグループが市議会議員が議場に入る場合は許されるが，あとの二つのケースは許されないというものでしたね。一つのグループはすべてのケースについて許されないというものでした。このすべてのケースについて許されないといったグループでは，メンバーの一人が，「自分の個人的意見としては，三つのケースとも本人が職務上しっかりした判断ができれば格好は問題としないが，いずれも人々の代表として公職に就いていて，議場や法廷は公共の場なので，市民や国民等の平均的意見に従った服装をすべきと思う」という理由を言ったということでした。おかげでわたしが言いたかったことが言いやすくなりました。
　じゃあ，ちょっといいですか，グループとは離れて個人の意見を伺いますから，それぞれのケースについて自分の意見で手を挙げてください。…
　全員に手を挙げてもらった限りでは，皆さん全員が法廷はダメで，国会の議場も二人以外はダメというのはびっくりしました。それに市議会の議場もいい

6　言語コミュニケーション・非言語コミュニケーション　　**111**

と答えたのは十分の一にも達しないのですね。クールビズとかいっていますが，Tシャツ・ジーパンではだめで，「公」と「私」のけじめは服装でもしっかりと示すべきということなんでしょうね。

　さて，そこで言いたかったことですが，それに皆さんはもう気がついているかもしれませんね。わたしたちの「コミュニケーション活動」（「言動」といってもよいでしょうが）は，各自が自分の意思のままになしているのではなくて，最終判断は自らがするとしても，帰属集団の平均的受け手の評価をかなり意識しながら行っているわけですね。「人目を気にする」というと何とも卑屈に聞こえますが，社会的存在である「人」は，ほとんどの人が人目を気にしながらコミュニケーションをしていると思われます。

　服装にばかり時間をとりましたが，そのほかの体型，人種，嗅覚的刺激なども挙げられています。時間の関係で体型だけ見てみると，体型は一般的に「内胚葉型」（ぽっちゃり型），「中胚葉型」（がっちり型），「外胚葉型」（ひょろひょろ型）の三種類に分け，一人の人をこの組み合わせで類型化できるという研究が紹介されています。もとの三つについてそれぞれの類型がどのようなメッセージを伝えるかというと，つまりステレオタイプですが，内胚葉型は包容力があって…，中胚葉型はエネルギッシュで…，外胚葉型は繊細で…といったイメージがあるのはどうしてか，実際はどうか，などです。わたしの考えでは，人は「帰属集団が自分に抱くイメージに答えようとする」という傾向があるようなので，いつの間にかステレオタイプに実際が近づいてしまうということがあるかもしれませんね。家族から「素晴らしいお父さん」と思われると本人もその気になって，素晴らしくなろうとするなどということです。

2) 動　作

　文献では動作は下位分類して，「表象動作，例示動作，感情表出動作，言語調整動作，適応動作」というものがあるとしています。

　表象動作というのは，体で作るサインのことで，手招きや手を振って見送ることなどです。日本でもすっかり定着したVサインや親指を立てて「よし！(good!)」の意味を表すなどさまざまあります。ただ，文化によっては同じサイ

ンが別の意味を持つことがあるので要注意です。

　例示動作は，話しながらする動作で，机を叩いたり，手で空間に形を描いたり，肩をすぼめたりするものです。話している内容を強調する効果があります。感情表出動作は，文字どおりの感情表現で，泣いたり，わめいたり，ほほえんだり，眉をひそめたりすることです。

　言語調整動作は，複数の人がたちが話しているとき，話の順番を引き継いだり，逆に次の人に渡そうとしたり，同意を表したりというやりとりを調整するための動作です。面白いのが，何人かで話している中で，自分が同調している人がいるとその人が取っている姿勢や動作を真似るというものです。会議で，自分の意見を主張している人が顎に手を当てていると，その人に同調している人も顎に手を当てるといったものです。今度会議などで観察してみてはどうでしょうか。

　適応動作は，それぞれの文化で人前でするとたしなめられる動作をいうようです。子どもがそのようなことをすると，大人から「やってはいけないこと」としてしつけられます。日本社会でなら，おならやゲップ，耳や鼻の掃除，性器に触れるなどですが，ほかの文化では別の基準があります。20数年前ですが，わたしが中国に住んでいるとき，ゲップや欠伸が賞賛されるわけではないとしても，日本ほど「違反」といった感覚がないように見受けられました。今はどうなったでしょうか。逆に日本人が麺を食べるのに音を立てて吸い込むのにびっくりしたという中国人も少なくありませんでした。

3）目

　目は，目自体の形もありますが，いわゆるアイコンタクトのし方によるその意味の違いがあるというものです。文献に出ている例で，子どもに関するものが2件あったので紹介します。

　その一つは，ベトナム移民の子どもが先生に叱られたとき，先生の目をじっと見ていて，先生から反抗的とされたというものです。もう一つは，キューバの女の子が校長先生から話しかけられて，ずっと下を向いていたのでやる気がないと思われたというものです。わたしも，外国にルーツを持つ子どもとかかわってきましたが，自分とは違った文化に属する相手とコミュニケーションす

るには，第3回の2－1)で言及した「エポケー」の能力が大切だと思います。

　4) 周辺言語（パラランゲージ：声の性状的要素，発声上の特徴性）
　大きく分けると，高いとか低いとかそれぞれの人の声の性質についての要素と，せかせか話すとかゆったり話すとか発声上の要素の二つです。女性が感情が抑えられず怒りが爆発したりすると，普段話しているよりも高い声になり，いわゆる「金切り声」を上げるなどと表現されるものになります。一般的に女性が男性に比べ声が高いというのは声の性質という前者ですが，怒りによってさらに高い声を上げるというのは後者の発声上の要素ということになります。
　よく指摘されるのが，テレビニュースの女性キャスターの声の高さが日本とアメリカではかなり違うというものです。つまり日本の女性ニュースキャスターに比べアメリカの女性ニュースキャスターは声が低いといわれます。日本人とアメリカ人で女性の声の高さにもともと違いがあるのかというと，どうもそうではなくて，アメリカの女性ニュースキャスターは低い声で話すよう訓練を受けるそうです。では，それはどうしてなんでしょうか。次のケースと併せて考えてみてください。
　一般的に日本人の女性は改まったりかしこまったりすると声が高くなるといわれます。わたし（名前は「泉」といいますが男性です）が自宅に電話をすると，連れ合いが「もしもし，山田でございます」と地声より1オクターブ高い声で出ますが，掛けているのがわたしだと分かると1オクターブ低い地声になって「なんだ。イズミさん？」となります。日本では，女性は高い声のほうが好感が持たれるようです。
　ということで，アメリカの女性ニュースキャスターがなぜ低い声で話すように訓練を受けるかというと，低い声のほうがニュースに信憑性が持たれるからということです。高い声といえば子どもですが，日本では女性は子どものように可愛ければいいということなのでしょうか。

　5) 沈　黙
　話してメッセージが伝わるのは当たり前ですが，話さないことでもメッセージが伝わります。学校のいじめなどで「無視する」という陰湿なものがありま

す。ヴァーガスさんの本の中ではアメリカの士官学校の「村八分」の例が紹介されています。また，熱愛中のカップルの間でも言葉は必要ないというエピソードが書かれています。この「沈黙」には話さないということ以外に，口ごもりによる言いよどみや「間」，「連接」といって語の切れ目を示すもの（「こわいかに（怖い蟹）」と「こは，いかに（此は如何に）」）なども含まれます。

6) 身体接触

　人と人の挨拶でも，日本のようにほとんど身体接触がない文化から，握手の文化，キスの文化，ハグの文化など，文化によって身体接触の質と量が異なっています。大人の同性どうしが手をつないで歩くかどうかなども国や民族によって違いがあります。日本人は身体接触が比較的少ないといわれていますが，場合によってはそうでもないのかなとも思います。あるとき，運動部の男子高校生が数人で歩いていて，そのうちの二人が肩を組んでいるのを見たアメリカ人から，日本ではあんなことを人前でやってもいいのかと聞かれたことがありました。その瞬間は聞かれたわたしのほうが戸惑ったのですが，このアメリカ人はその二人を同性愛者だと思ったということでした。

　ヴァーガスさんの本にある「衰弱症」という，あまり身体接触が受けられないことによって命まで奪われてしまう赤ちゃんの「病気」には注目したいと思います。赤ちゃんはしっかり身体接触をして育ててもらいたいものです。

7) 対人空間

　これには，自分のテリトリーについてどのように認識するかや何をしてその目印とするかなどと，近接空間学という学問が扱う領域とがあります。前者についてですが，本の中でテーブルを挟んで3脚ずつの椅子があってそのどれにも人が座っていないとき，一人のイギリス人ならどちらかの真ん中の椅子に座るという例が書かれていました。このことで日本人なら間違いなくいずれかの端の椅子に座るのにと思いました。電車の中のでもベンチ式の場合，端が空き立っている人が座らないとほぼその最寄りに座っていた人が端にずれるということが思い出されました。

　近接空間学で扱われる対人距離（状況に応じて適当と考える人と人との距離）で

は，わたしは中国にいるときにその文化の違いを感じることがありました。これもこの本の事例と同じことが起こったのですが，一般的に日本人と中国人とでは心地よい対人距離が違っていて，日本人に比べ中国人のほうがわずかですが近いために，授業が終わった後，学生から質問を受けていて気がつくと教室の隅まで追いつめられていることがありました。そのときははっきりと知りませんでしたが，近接空間学を学んで分かったというものです。

8）時　間

時間についてもいくつもの分野が関係してきます。時間が正確かどうかといったものから，いわゆる物事を行うのに適切と考えられるタイミングといったもの，バイオリズムのような生物と時間の周期といったもの，あるいは季節感といったものなどまでいろいろとあります。

このうち「タイミング」についてヴァーガスさんの本の中にあった，雇用者側が従業員に対して不都合なことを申し渡すときに給料日や週末を選ぶというのは，なるほどと思いました。わたしも子どものころ親から嬉しくないことをいわれるのはお小遣いをもらう日でした。子どもながらに，なんとなくだまされているという気持ちがあったことを覚えています。

9）色　彩

色も多くのメッセージを伝えるものですね。これもまずいくつかのグループに宿題についての発表をしてもらいましょう。

　　［宿題1から］
　　あなたのうちで，家族がみんなで乗る車の色は何色ですか？　車がない場合は，家族で乗る車を買うとしたら家族は何色の車にすると思いますか。また，車の色を決めるのに何か理由がありますか。

次は，各グループから出された回答をまとめて全体ではどうなったかという結果です。

	2007年度の履修学生の回答	2009年度の履修学生の回答
シルバー	17	13
白	9	6
グリーン系	3	13
赤	3	2
ベージュ	2	1
青	1	0
(ジャパン) ピンク		5
グレー		2
ゴールド		1
紺		1
計	35	45

　それぞれのグループで多かったのがシルバーと白ですね。全体で見てみても当然1位がシルバーで2位が白，3位はずっと減って黒とグリーン系が同数，5位の赤と6位のベージュが2件と1件という結果になりました。全員で35人ですから，もっと人数が増えれば，また，家族の中でも個人専用のものを加えると違った色が出てくると思います。しかし，これで日本の車の色のおおよその傾向が分かるといえるでしょう。みなさんの理由に挙がっている「家族で乗る車は無難な色を選ぶ」というものも，日本的で納得できます。日本ではこの10年ぐらいで白が減ってシルバーが増えたと言われます。それでも白は第2位の座を守っていますね。

　ところで，ヨーロッパでは白い車はかなり少ないということは知っていましたか。日本に住んでいるイギリス人に聞いたところ，白いベンツやロールスロイスなど大型高級乗用車を見ると，かなり目立って芸能人か結婚式の新郎新婦が乗っているのかなと思うということでした。日本ではよく見かける白のワンボックスカーだと，ロゴ入りなら商用車と思うので何でもないのだが，白一色だと怪しい車と思ってしまうということでした。

　韓国でも今シルバーと白が多くなっているといいます。10年ほど前に，ロシア人にロシアでは何色の車が多いかと聞いたら，「色など気にしている人は

いない。買えれば何色でもいい」ということでした。これも今は分からないですよね。今度，機会があったらロシア人に聞いてみましょう。
　車の「白」を無難で自己主張のない色と見る日本と，かなり自己主張の強い色と見るヨーロッパと，何がどう違うのか考えてみるのも面白いと思います。

　車以外にも，色は人間の気分と深くかかわっていて興味深いですね。それと流行色と社会の状況とは関係があるのでしょうか。今は若干変わってきましたが，冬の通勤時間の駅のホームが人々の着ている服の色で真っ黒に見えました。日本人は昔から色合わせを大切にする文化を持っていました。衣食住すべてに色を大切にしていたことを思い返したいですね。無機質な色彩やてんでんばらばらなまとまりのない色彩に包まれていると生活そのものも落ち着かないものに感じられるのはわたしだけでしょうか。

　［次回のための宿題］
　あなたは，卒業論文を書くとしたら「デス・マス」体で書きますか，「ダ・デアル」体で書きますか。それはどうしてですか？

第 7 回

社会参加と言語運用能力
リテラシーとディスコース

　それでは，最初に各グループで宿題の回答をまとめてください。今回は，グループの意見を一つにする必要はありません。各自の意見を羅列する形で書き込んでおいてください。1問だけですから時間は10分です。宿題の発表は，それが話題になったときに，いくつかのグループにお願いします。

　［前回の宿題］
　あなたは，卒業論文を書くとしたら「デス・マス」体で書きますか，「ダ・デアル」体で書きますか。それはどうしてですか？

　今回話題とする「リテラシー」と「ディスコース」という言葉は聞いたことがありますか。リテラシーはほとんどの人は聞いたことがあるようですね。「コンピュータリテラシー」などという言い方もされますから比較的なじみのある言葉でしょうね。これに対して「ディスコース」は聞いたことがある人は一人もいないようですね。この二つはいずれも言語の運用能力についていうものですが，言語と人間社会の力関係を考える上では重要な概念です。

1　社会参加の手段としてのリテラシー

　まずリテラシー（literacy）について見ていきます。リテラシーの日本語訳は「識字」ですが，リテラシーに文字の読み書きだけでなく社会に参加し活動できる知的な能力全般を含めることがあるのと同じように，日本語の「識字」に

も同様な意味を込めて使われることがあります。「コンピュータリテラシー」という言葉などはそのことを表しているといってよいと思います。現代社会にあって，いかにコンピュータが使いこなせるかが，社会でいかに有能に活動できるかと同じように思われることがあります。また，外国語，とりわけ英語を操る能力も同様です。これらの能力の養成は多くの場合教育によるところが大きいと考えられます。

　多くの国々では教育の目的の一つが，このような知的能力を高め社会に対してその能力を発揮し貢献する「人材」を育てることにあると思われます。そしてそのような「人材」としての個人も社会からその貢献度に見合った見返りを得ることになります。現在その見返りは「収入」というお金や「地位」という名誉が中心になっています。それだからこそ，投資としてよりよい教育を受けるために受験競争が加熱し，教育産業が発展するのでしょう。まさに，リテラシーが商品として市場価値を生んでいるわけです。となれば，リテラシーの分野にも競争原理が働き，力関係を生むことになるのです。

1）リテラシーと社会的力関係

　皆さんは，「識字学級」というものを知っていますか。もともと「リテラシー（識字）」とは，文字の読み書き能力を表す言葉で，「識字学級」というとなんらかの理由で学校に行けないなどして文字の読み書きの不自由な人（非識字者）が大人になってから文字の読み書きを学ぶ場を指します。その対象は，病気や障がいがあったり，被差別部落や旧植民地出身者等経済的に厳しかった家庭に生まれたという人たちが多いわけです。そしてこれらの活動は「補償教育」として行われることが多いのです。「補償」ですから補い償うわけですが，だれがどういう理由で補償するのでしょうか。

　さまざまな事情で子どものときに学校教育を受けないまま成人して，大人になっても文字の読み書きができないとします。これは，保護者や本人の責任なのでしょうか。それを，学校教育の機会が不平等にしか提供できなかった社会側の責任だとするものです。今となってはもう時間を戻すことはできないが，社会がせめてもの償いとして今から文字の読み書きを学ぶ場を提供するので申し訳ないがぜひ学んでいただきたいとしたものです。皆さんは，文字の読み書

きのできない大人など知らないというでしょうね。でも，日本社会には数十万人から100万人規模の文字の読み書きに不自由をしている成人がいるといわれます。今後も外国にルーツがある子どもたちの「不就学」(学齢期にあるのに日本の学校にも自らのルーツにかかわる学校にも行っていないこと)などが続けば，あるいは成人でも外国から日本に来て日本語を体系的に学ぶ機会がない人などが多くなれば，その数は減らないと思われます。在日一世のハルモニ（お婆ちゃん）たちの中にもずっと非識字者として生きてきて，現在識字学級で学んでいるかたがいます。また，さまざまな理由で学校教育を断念した人たちが百数十万人いるといわれています。これらの人で，自分が読み書きができないことを隠して生きてきたという人は少なくありません。役所で手続きをするときなど，自分で名前を書かなければならないときに，手を怪我したと包帯を巻いていって代筆してもらったという人もいます。「せめて，名前を自分で書けるようになりたい」といって識字学級に来たという人が多いといわれます。

　文字どおり「文字の読み書き」というレベルのリテラシーからコンピュータや外国語を駆使するというレベルのリテラシーまでがあるわけですが，ここからも社会的力関係とリテラシーが密接に関係していることが分かると思います。このことに対して教育学者の佐藤（2003 p.299）は次のように言っています。皆さんはどう思いますか。

　　リテラシーを差別と支配と抑圧と排除の手段としてではなく，人々の平等と自立と解放と連帯の手段として機能させるためには，どのような教育の実践が求められているのか。リテラシーの概念の再定義を志向する研究と実践は，未来社会のヴィジョンを選択し創造する教育的な思索挑戦にほかならない。

2) 現実的な対応
　OECD（経済協力開発機構）による生徒の学習到達度調査（PISA）における参加国間の比較によると，日本は2000年の結果に比べ2003年が下がったとして，詰め込み教育からゆとり教育への移行を目指して取り組まれてきた学校教育での授業時間の削減に対して一部から再見直しの声が上がり，今後授業時間など

を増やしていくとしています。日本では経済の国際競争力を高めることが国の重要施策となっていますが、それを実現する「人材」を育成のための国際競争にも全力を上げるべきだということと思われます。リテラシーを「人々の平等と自立と解放と連帯の手段」にすべきということとは逆で、「差別と支配と抑圧と排除の手段」にして経済的国際競争の勝者にならなければならないというのが、どうやらこの国や国民多数の本音のようです。

学習到達度調査（PISA）については、ホームページ[*1]で知ることができます。わたしは、この結果から日本の教育が二極化していることこそ問題だと思うのですが、みなさんもこのことについて考えてみてください。

3) キャリアデザイン学部と「生涯学習社会」

もう一つOECDについて、キャリアデザイン学部と深い関係がある事柄について指摘しておきたいと思います。キャリアデザイン学部は、もともと「生涯学習社会学部」という名称にしようとしていたのが、さまざまな経緯があってキャリアデザイン学部となったということは「履修案内」で触れました。その「生涯学習社会」という考え方が、かつてOECDが打ち出した教育「戦略」と呼応するのです。

1973年にOECDが教育改革革新センターを発足させ、そこで取り組んだのが加盟国に対する「リカレント（recurrent）教育」と名づけた生涯学習の普及です。OECDは「先進国クラブ」などといわれることもある、先進国によって構成される先進国の経済的優位性を維持、伸張するための機構と見られています。そのOECDが、60年代から70年代に入って、世界の経済・産業構造が劇的に変わり、近い将来先進国は製造業から先端科学技術とIT化を中心とした知的産業社会へと移行するとしました。そのような社会では、学校教育で学んで身につけたリテラシーは、しばらくたつと陳腐化してしまうので、社会人も絶えず学び直さなければならないと結論づけました。そこで登場するのがリカレント教育、生涯教育（学習）だというものです。

また、ユネスコ（UNESCO 国連教育科学文化機関）も、1965年の成人教育推進国際委員会で人の一生を通じて学びの制度化を提唱し、1972年教育開発国際委員会は報告書「Learning to be」において生涯教育を教育理念の中心に据え、

制度を構築する必要性を勧告しました。OECDやユネスコの教育政策と強い連携をとっている日本としても、社会教育の施策を展開しながら、1980年代中期に至って臨時教育審議会の答申（1986年の第二次答申から翌年の第四次答申と最終答申）において「生涯学習体系への移行の考え方と生涯学習体制の整備の具体的方策を全体的に取りまとめ」たとしています[*2]。そして1988年7月には文部省の社会教育局を生涯学習局（2001年1月から文部科学省生涯学習政策局）とし、これに対応する体制を整えました。臨時教育審議会では、一貫して「生涯学習」といっていますが、その理由を次のように述べています。

　　なお、臨時教育審議会は、「生涯学習」という表現を用いているが、これについては、生涯にわたる学習は自由な意志に基づいて行うことが本来の姿であり、自分に合った手段や方法によって行われるというその性格から、学習者の視点に立った立場を明確にするため、「生涯教育」ではなく、「生涯学習」という用語を用いた、と述べている（六十一年一月、審議経過の概要その三）。また、学校や社会の中で意図的・組織的に行われる学習活動のほか、スポーツ活動、文化活動、趣味・娯楽、ボランティア活動、レクリエーション活動などを含め、「学習」を広くとらえている。この答申以後、「生涯教育」に代わって、「生涯学習」という用語が一般に用いられることが多くなっていった。

　このような先進国社会の「人材」育成観を視野に入れながら、かつ人間にとってほんとうに必要なのはどのような社会なのかを考え、必要であれば社会のあり方や教育・学習観のほうを変えていく能力をも養成する、「生涯学習」の学部としてできたのがキャリアデザイン学部というわけです。

4) リテラシー（識字）という概念
　もう一つリテラシーとは何かについて考えるに当たって、大切と思われる国際的な宣言を指摘しておきます。1985年にパリで行われた第4回ユネスコ国際成人教育会議における学習権宣言です。次に一部を示しておきます。

［ユネスコ学習権宣言］
学習権とは，
　　　読み書きの権利であり，
　　　問い続け，深く考える権利であり，
　　　想像し，創造する権利であり，
　　　自分自身の世界を読みとり，歴史をつづる権利であり，
　　　あらゆる教育の手だてを得る権利であり，
　　　個人的・集団的力量を発達させる権利である。
成人教育パリ会議は，この権利の重要性を再確認する。

　わたしがこの宣言にはじめて出会ったのは，20年以上前だったと思います。しかし，その時は，字面は理解しましたが，ほとんど何も感じなかったと記憶しています。IT機器や家電製品などの一般的な操作マニュアルでも同じことです。読んで操作しようとしても何のことだか分からないのですが，操作ができるようになってから読み返すとよく分かるというものです。皆さんは，どうでしょうか。第1回のオリエンテーションで，生涯学習とは一生かけて自分が歩くための地図を描くことだといいましたが，同じ文章でも体験・経験の深さや量で理解できる内容は違ってくると思います。
　ここで言っている「学習権」とは，リテラシーを身につける権利と言い換えてもよいと思います。ということで，次に不完全ながらわたしなりにこの宣言を解釈してみました。

　「読み書きの権利」は，最も基本的リテラシーの権利であり，多くの人たちはその機会が与えられているわけですが，場合によっては与えられていないといったことがあり，このことは重大な問題です。また，これらリテラシー獲得の学びが教育者によってあらかじめ用意された問いに正しく答える方法を身につけることであってはならず，正解は自分の中にあるのだからほんとうに自分が納得できるまで「問い続け」，あるいはそれら問題のほうこそ与えられるのではなく，自らが社会のどこに問題があるのか見抜くために「深く考える権利」なのです。これまでこの社会で生きてきたできるだけ多くの人々の生き方

を「想像し」、すべての人のために理想の社会のあり方を「想像し」、その社会を「創造する」能力を得る「権利」です。自らの力で、文字面の意味を理解したと思いこむのではなく、ほんとうの「自分自身の世界を読みとり」、表面的に取り繕うために書くのではなくてほんとうに必要な自らとその帰属する集団の「歴史をつづる権利」でもあるのです。そのためにどんな人でもその人に必要な「あらゆる教育の手だてを得る権利」があります。そして社会的などのような集団に属していても、「差別と支配と抑圧と排除の手段としてではなく、人々の平等と自立と解放と連帯の手段として」(これは上の佐藤から)「個人的・集団的力量を発達させる権利」だと考えられます。

次はもう一つ教育・学習権にかかわる国際条約で、日本が1979年に批准した経済的、社会的及び文化的権利に関する国際規約(国際人権規約：A規約)の教育に関する条文の一部です(下線は山田)。

　第十三条
　　1　この規約の締約国は、<u>教育についてのすべての者の権利を認める。</u>締約国は、教育が人格の完成及び人格の尊厳についての意識の十分な発達を指向し並びに人権及び基本的自由の尊重を強化すべきことに同意する。更に、<u>締約国は、教育が、すべての者に対し、自由な社会に効果的に参加すること</u>、諸国民の間及び人種的、種族的又は宗教的集団の間の理解、寛容及び友好を促進すること並びに平和の維持のための国際連合の活動を助長すること<u>を可能にすべきことに同意する。</u>

ここで、下線を付けたところを見れば、「すべての者」に対し社会参加のために教育を受ける権利が与えられるべきことが分かります。ちなみにこの国際人権規約の第二条では、この法が国民的出身にかかわらずすべての人に適応されるとしていることを申し添えておきます。

5) キャリアデザイン学部の学生に
　ところで、この規約の「自由な社会に効果的に参加する」とは、どのように

解釈したらよいでしょうか。まず，「自由な社会」とはどんな社会でしょうか。これには「自由」という語に二つの対極の意味があることに注意しなければなりません。力の強いものが弱いものに，あるいは帰属集団が個人に課している束縛や抑圧からの「自由」という意味があります。これは識字でいえば非識字者，ジェンダーでいえば女性など，マイノリティ自身が自らを縛っているものからの解放という「自由」でもあります。自らがありのままで受け入れられ尊重される社会にしていくというものです。

　ところが，逆の意味でも「自由」は使われます。「自由競争」や「新自由主義」などといわれるような「自由」です。スタートラインの平等さえ提供すれば，あとはできるだけ規制を設けず当事者どうしで自由に競い合わせるというものです。スタートラインはリレー競技のように二番走者では平等ではなくなるわけだし，そもそも走る能力は競う前から違うことは分かっていてほんとうは平等なスタートラインなどないのですが。以前，小泉元首相が新聞記者に首相が行っている「構造改革」とは何かと聞かれて，「知恵を出して，汗をかいた者が報われる社会を目指すことだ」と言ったという意味での「自由な社会」です。わたしは，現在の日本社会にはこの二つの異なった「自由な社会」観があるという現実を理解していなければならないという見方を採ります。

　次に，後半の「効果的に参加する」という部分で「効果的に」という修飾語の意味についてです。これも一つは，自分自身が帰属する世界を読み解く力を得て社会の何が問題かを見抜き，これまで生きてきたあるがままの自分とその歴史を肯定的に受け止め，同様な仲間を得て，社会の問題を克服し，社会を変革していくという意味に解釈するというものです。もう一つは，競争社会のだますかだまされるかの中で，しっかりと自分以外を倒したり従えたりしながら，いつ逆襲されるかも分からない自らの仲間の中にある不平分子を見抜きすかさず処置する管理能力を磨いていくという意味に解釈する人も少なくないでしょう。どちらも，わたしは双方があることを理解していたいと思います。

　学生の皆さんも，どのように解釈し，自らの生き方にどのように反映させていくべきか考えてください。そのときに，いずれにしてもそう簡単に割り切って解釈しないでいただければと思います。葛藤があるならあることをナイーブに，バルネラブル（vulnerable）に受け止め，考え続ける姿勢を持ってください。

2 社会階層とディスコース

　さて，次に言語運用能力と人間社会の力関係を考える上で重要なもう一つのキーワードであるディスコースについて見ていきたいと思います。この言葉は全員が聞いたことがないということでしたね。ディスコース (discourse) は日本語では，「言説」と言ったり「談話」と言ったりします。主に前者は社会学で使われ，後者は言語学で使われているようです。この授業は，その両分野を横断的に対象としていますからカタカナ語でそのままディスコースということにします。「談話」という言葉は知っていると思いますが，ステートメント（statement）といった意味ではなくて，言語的分析を加える単位でいくつかの文が集まった「一つのまとまり」と考えられるものとでもいうべきものです。「文法」は一般的に一つの文を分析対象として文を構成する要素についてその法則を考える学問ですが，同様にディスコースについては「ディスコースアナリシス（discourse analysis 談話分析）」という学問があります。ちょっと，脇道にそれました。

1) 女性／男性のディスコース

　残念ながら日本社会において，いまだ女性の社会的地位が男性と比べて格段に低いのではないでしょうか。このことは女性の社会的な能力が男性に比べて劣るというものではないと思われます。キャリアデザイン学部では可能な限り平等な入学試験を実施していますが，毎年，6対4くらいで女性のほうが多く合格します。ある大学院では，このままだと男性が合格できないので，体力測定でもするしかないかといったら，さらに女性が多くなるという指摘があったという冗談があるほどです。でも，法政大学の学部長はほとんどが男性です。学問的な力関係は別にして社会的力関係についていうと，日本社会はいまだ男性の「土俵」(評価基準) で勝負しなければならず女性に不利なのではないでしょうか。リーダーシップについていうと，一般的に攻撃性は男性のほうが強くても，包容力は女性のほうがあるかもしれません。でも，現在の日本社会が求めるリーダーシップでは攻撃性が包容力よりも評価が高いといったことがあるのかもしれません。以上で述べたことは例えですから何の根拠もないことですが，言語運用能力についてディスコースという視点から考えてみたいと思います。

日本の国会議員についても，衆参両議院とも女性議員は少数派ですね。ところで，女性議員が国会の議場で答弁している言葉を観察・記録して，日常生活の場で女性どうしが話している言葉と比較してみたいと思います。例1は，2001年の衆議院予算委員会での会議録です。出典のURLも示してあります。発言者の名前のみ山田がイニシャルにしました。例2は，文化庁に置かれた研究会の報告書にある小児科医での女性医師と患者（子ども）の母親とがやりとりをしている場面の文字化資料です。こちらは，個人情報保護の観点から出典は示しません。まずはそれぞれよく観察してみてください。

　　例1：153回－衆－予算委員会－01号 2001/10/04 [*3]
　○T国務大臣　さすがK委員，非常にこのことには詳しくていらっしゃって，感動しながら伺っておりました。確かにおっしゃるとおり，先ほどの，午前中の質問にもお答えいたしましたけれども，関係国の政府でありますとか国際機関とか，あるいはNGO、そうした、それぞれが主体的に連携して行うということがもちろんございますけれども、先ほど、午前中申しましたように、十七億円というものは対パキスタン難民支援というものに、各主体に適切に配分もしておりますが、それだけではなくて、今おっしゃった五億八千万円というものをジャパン・プラットフォームに拠出しておりますが、やはり私たちの税金でございますから、それらが本当に人道上も、そしてあらゆる意味でもって効率的に使われるようなきめの細やかな配分の仕方、使われ方ができるように、なお一層気をつけてまいりたいと思います。
　○K（N）委員　この問題は、あす正式に新しい法案が閣議決定をされるようでありますし、国会での議論もこれから本格的になりますので、きょうのこの場は、この問題についてはこの程度にさせていただきますが、私は、必ずしも、アメリカを含むいろいろな国々と協力することが、もちろん悪いと言っているのではありません。ただ、気をつけないと、ショー・ザ・フラッグという言葉に象徴されるように、何か、見せることが自己目的化して、本当にテロを撲滅するのに効果的なことよりも、何かやっているんだ、やっているんだということを見せることがその中心

になるのではないかという，率直なところ，そういう危惧を持ちます。

例2：小児科の場面（「女医」と母親・子どもの会話）
親　そうなんですよ。なんか急に，なんか元気になっちゃって，うるさくて，しょうがない。
医　ふだんとまるきり，違うから，驚いちゃったわ。ああ，今日は，普通になってる。よかったわね。ゆうべ，寝られました？
親　ええ，寝れました。
医　はい，で，熱は？　ゆうべもなかったの。
親　ええ，朝ちょっと，朝方，ゆうべはなかったんですけど朝方ちょっと，なにか，計なかったんですけどね。触ってみたら，なんとなく熱っぽかったんです。
医　おいたも始めたわね。
親　ああ，座ってなさい，ちゃんと。
医　はい，見せてちょうだい。きのう，どんなだったの？
子　ぜんぜん痛くないよ。
医　どこも痛くないけど，元気なかったわね。はい上向いて。
親　きのうのほうが静かでよかったな。
医　ほんとうね。ずいぶん違うわね。なんにもしゃべら…

　例1では，二人の代議士が質疑と答弁をしていますが，どちらが女性議員か分かりますか。そうですね。T国務大臣が女性ですね。この話し方と例2の医師と患者の母親という二人の女性の話し方とを比較してみて何が違うか思いつくところを言ってみてください。
　はい。T国務大臣のものは男性が話したとしても問題ない話し方ですか。そうですね。それを答えてもらいたかったんですが，例2の母親はどうでしょうか。こちらも男性がしゃべったといっても問題ないですよね。でも，「しゃべった」であって国会での答弁とは違いますね。プライベイトな話し方をしているということでしょか。「女医」さんのほうはどうですか？　女性語も使われていてこれは男性が代わるわけにはいきませんね。でも医師として患者の母親

7　社会参加と言語運用能力　　129

という相手に話す話し方になっていますね。「女医」らしい話し方といってよいかと思います。「女医」という言い方がジェンダー的には問題があるわけですね。「男医」という言い方をしないのにどうして「女医」というのかというあの問題ですね。でも，今はその問題ではなくて，この「～らしい」言い方ということに注目したいと思います。大雑把にいうとこの「～らしい」言い方というのがここで問題にする「ディスコース」と考えてよいと思います。

「女性代議士」も「女医」もともに職業婦人（この言い方もジェンダー論からいったらすさまじいですね）なわけですが，前者は議場で男性代議士とほとんど変わらない話し方をしています。後者は言葉つきも女性であるということが分かっていいし，むしろ「女医」という特性を小児科という職業に生かすことが求められるということもありそうです。でも医師としての話し方をしていて母親のしゃべり方とは違うわけです。

「女性のディスコース」と「男性のディスコース」などということがあります。一般のオフィスや大学の教室で女性管理職や女性教員はその職業にふさわしい社会的な役割を求められているわけですが，この子どもの母親の話し方をすることは望まれないとしても，この女医の話し方をしても問題ないと思われます。しかし，会社の不祥事を公式に謝罪する女社長（またまた出ました）や学会発表の女性研究者，議場での女性議員の話し方では，女性語を使ったり，もっぱら女性が使う言い回しは避けられることが多いわけです。俗にいう「改まった場」とか「公式の場」では女性のディスコースは避けられ，たとえ女性が話すにしても男性のディスコース，それも公式のディスコースといわれるもので話すことが求められるわけです。報道や広報，学術的な文章なども同様です。これら「男性の公式なディスコース」をうまく操れることが女性の十全な社会参加の条件の一つになっていると考えることができるのではないでしょうか。

2）文体のディスコース

まず，ここでいくつかのグループから宿題の発表をしてもらいましょう。

［前回の宿題］

あなたは，卒業論文を書くとしたら「デス・マス」体で書きますか，

「ダ・デアル」体で書きますか。それはどうしてですか？

「デス・マス」体で書くという人がいたグループは二つだけですね。それもそれぞれ一人だけということですね。理由は，二人とも「デス・マス」体のほうが丁寧で，論文を読んでくれる人に敬意を払う意味でそうしたいというものですね。ほかの人は「ダ・デアル」体ということですね。理由はいくつかのカテゴリーに分かれていますね。高校のとき先生から，あるいは大学に入って基礎ゼミでそう習ったという人，論文は客観性を重んじるから主観の入らない「ダ・デアル」体という人，「デス・マス」体だと冗長で間延びするという人，これは「ダ・デアル」体が言いきる形で論文としてふさわしいという人と裏表の関係ですね。分かりました。圧倒的多数は卒業論文を「ダ・デアル」体で書くということが分かりました。そして，実際もそうなわけです。卒業論文だけではなく，ほとんどの学術論文は「ダ・デアル」体で書かれているわけですから。

ところで，第2回の2-3)で，ある研究会の論文集にわたしだけが「デス・マス」体で書いてひんしゅくものだったというエピソードを語ったことは覚えているでしょうか。もう亡くなってしまったのですが，元・国立国語研究所長だった野元菊雄さんという有名な国語学者に伺った話なんですが，自分単独の論文は「デス・マス」体で書くと言っていました。ただ，「デス・マス」体で書くと権威がなくなるとも言っていました。この「権威がなくなる」というのが気に入ったので，わたしもほとんどの論文を「デス・マス」体で書くことにしています。それに，どんな論文もできるだけ日本の高校を卒業した人には読んでもらって分かるように書きたいということもあって「デス・マス」体を愛用しています。

ところが，まさに野元菊雄さんがおっしゃったとおり，一般的な評価としては「デス・マス」体で書いた論文は「権威がなくなる」わけです。ところでこの「権威」とは何なのでしょうか。わたしたち社会的存在である人間は，「社会が認めたお墨付き」といった架空のものを作ってありがたがるということがあるのではないでしょうか。わたしは，それを「権威」といっているように思います。社会の構成員は個人ですから，すべての個人が自らの責任で評価したものを足し合わせ総合されて，その「社会が認めたお墨付き」となるのなら分

かるのですが，それらを超えて存在するのが権威のように思われます。「権威者」という言い方もありますが，なんらかの能力について多くの人々がこの人は秀でているとした人を指すわけです。しかし，それなら単にある能力が「すごい（やばい）人」でよいと思います。「権威者」という言葉からは，社会的な存在として優位という意味合いが込められていて，社会の構成員の一人一人が評価した結果，権威者とするのではなく，逆に権威者のみがそれぞれの分野の社会的評価基準を決めることができるといった逆転した概念を作ってしまいそうです。そして，それは人間社会の力のバランスによる秩序には必要な概念だとされているように思います。この力のバランスとは社会階層にほかならないわけです。

3) 多文化教育からの示唆

　後から生まれて既存の社会に参加する子どもたちは，すでに社会にある社会的力関係やそれを支えている大人たちの意識をしっかりと学ばされ，先入観を形成し，それによって世界の見方を確立していくわけです。これら社会の枠組みといってもよいものをすべて壊してしまっては，社会そのものが成り立ちませんから，それらは尊重したとしても，すでに役割を終えたものや理不尽なものは取り払って新たに必要になったものは付け加える必要があります。また，絶対に取り去ってはいけない守るべきものも少なくないわけです。

　そんな中で，リテラシーやディスコースを評価する権威意識やそれによって人の社会的価値を決めつけてしまう意識などはなくしていきたいものです。人や集団の持つ偏見がその向かう先である相手に対し物理的，心理的な圧迫を伴ったものを差別というとすると，差別は明らかに暴力であり，人間社会にあっては克服されるべきものだからです。二大都市以外の地域方言話者を笑いものにしたり，手話や文字を持たない言語を劣ったものと考えたり，外国訛の日本語を話す人を蔑んだりするといったことは，決して子どもたちに見習ってほしくないことです。これら現在ある大人社会の偏見から子どもたちを解放するためにこそ教育があるべきです。そのための教育をアメリカやカナダなどでは「多文化教育（multicultural education）」といっています。詳しくは後期に学ぶものですが，文化的なマジョリティとマイノリティが存在する社会で互いの文化を

尊重しながら，ともに社会の発展に寄与できる能力を養成するための教育です。互いに相手集団がこれまで社会に貢献してきたことを理解し偏見を取り払う学習もしながら，教育プログラムのすべてがともに違いを受け入れ豊かさにする能力を養成するものです。校内放送を多言語にするとか，給食を子どもたちのルーツのある国の食べ物にするとか，外国人の専任教員がいるとか，音楽を西洋音楽中心にしないとか，いろいろな取り組みがあります。

　これら多文化教育が文化的マイノリティに対する偏見克服に実際に効果があるとする報告があります。それは，アメリカのイリノイ州のマーチンルーサーキング Jr. 小学校（以降，キング小学校）での多文化教育の取り組みについてのものです。キング小学校での取り組みを紹介した後，ほかの二つの小学校とその効果について比較したというものです。その比較の部分を簡単に要約します[*4]。

　　キング小学校とほかの A，B 二つの小学校が比較の対象となりました。
　　それぞれの小学校の状況は以下のようなものです。

　　キング小学校　（言語的マイノリティがいて多文化教育を実施）
　　A 小学校　　　（言語的マイノリティがいて多文化教育を未実施）
　　B 小学校　　　（言語的マイノリティがいなくて多文化教育を未実施）

　　この三つの小学校で，「アメリカを含むさまざまな国の人に短い物語を読んでもらったテープを子どもたちに聴いてもらい，子どもたちにその後，知性にかかわる基準項目で話し手を評価してもらった」のだそうです。そして英語のネイティブスピーカー以外の朗読に対して「知的に劣っている」という評価をしなかったのは，キング小学校だったというものです。最も「知的に劣っている」という評価が強かったのが B 小学校ではなく，A 小学校だったそうです。実際に多文化な社会で意図的に互いの文化を受け入れる能力を育てる取り組み（この場合「多文化教育」）をしないと，偏見が増幅される危険性があるということを示しているのではないでしょうか。

　日本にあっても多言語・多文化化が急速に進んでいます。このような社会で，

言語・文化的マジョリティ側が、マイノリティ側に偏見を持たず、マイノリティ側も自尊感情を持って積極的に社会参加、社会貢献していける環境は、マジョリティ、マイノリティそれぞれに属した個人にとっても生き甲斐が持てる社会だといえるでしょう。日本社会が多文化教育などそれらを促進することの必要性に気づき、実際に取り組んでいってほしいと思います。

　上の佐藤学の言葉のように、次の世代に受け継ぐリテラシーやディスコースという概念から、「権威」やその背景の「力関係」を取り去って、すべての人の生き方に貢献できる概念だけにするよう、わたしたち大人は努力を求められているのだと思います。

　［次回のための宿題］
　今回は、宿題はありません。次回は、第5回に提出していただいた、次の宿題をそれぞれのグループにお返しします。

　「言語的マイノリティ」といわれる人々の問題にどんなものがありますか。それぞれが、事例を調べてきてください。

*1　OECD（経済協力開発機構）の学習到達度調査（PISA）結果については、2000年から3年ごとのものを2009年のものまで、次の文部科学省のホームページで見ることができます。http://www.mext.go.jp/b_menu/toukei/data/pisa/index.htm
*2　文部科学省『学制百二十年史』第三編第二章第一節一の引用です。次の文部科学省のホームページで見ることができます。http://www.mext.go.jp/b_menu/hakusho/html/hpbz199201/hpbz199201_2_064.html
*3　2001年10月4日、衆議院予算委員会での菅直人と田中真紀子外務大臣の質疑の議事録です。4年ほど前に以下の衆議院のホームページから取ったものです。現在は、同URLでは、今年度の議事録しか見ることができません。今年度の男性と女性それぞれの議員のディスコースを見てもこの後に指摘した内容は理解されると思います。http://www.shugiin.go.jp/index.nsf/html/index_kaigiroku.htm
*4　1996年1月17日に、埼玉大学野元弘幸研究室が主催して行われたJennifer Hixson氏の講演記録（p.15-16）によります。

第 8 回

社会参加と言語・文化
言語・文化的マイノリティ

　今回は宿題がないのですが，第4回の宿題で，第5回に提出してもらった次の「言語的マイノリティ」についてまとめたものを見せてもらいました。はじめにこれを各班から発表をしてもらいます。各班の司会の人は，提出いただいた用紙を戻しますから準備をお願いします。では，いくつかの班に発表してもらいます。

　[第4回の宿題]
　「言語的マイノリティ」といわれる人々の問題にどんなものがありますか。それぞれが，事例を調べてきてください。

　さて，言語的マイノリティを考える前に，「マイノリティ」という言葉の意味について，簡単に触れておきます。
　それぞれの社会にあって中心的な集団を「マジョリティ（多数派）」，「ドミナント（支配集団）」，「メインストリーム（主流派）」などと言います。これに対し周縁的（マージナル）な集団を「マイノリティ（少数派）」といっています。ただし「マイノリティ」は数が少ないだけでなく，社会的な力が相対的に弱いということも含まれています。場合によっては，植民地における宗主国側である支配集団と植民地の被支配集団のように，数の上では絶対多数の被支配集団が「マイノリティ」ということもあります。ここでは，「マイノリティ」を日本語で「社会的弱者」といい，数に関係なく社会的な力が相対的に弱い集団のことを指すこととします。

1 言語的マイノリティとはだれか

　皆さんは調べてきてくれているので,「言語的マイノリティ」という言葉がどういう意味なのか分かっていますね。後半に「マイノリティ」という言葉がついているのですから「少数者」,わたしの言い方で言うと「社会的弱者」という,「人」のある種の属性（カテゴリー）を持った,集団を表すわけですね。提出していただいたものを見せてもらいましたが,「外国人」という指摘が多く挙がりましたね。そうです,外国人も言語的マイノリティで,今回これから考える対象が言語的マイノリティである外国人で,彼/彼女らが抱えている言葉についての問題と,彼/彼女らにこの社会はどう対処したらよいかということを考えるわけです。災害や事故等緊急時の情報伝達や医療通訳など命にかかわる問題の指摘もありました。子育てや教育の問題,社会参加の問題なども出ました。外国人以外では視覚,聴覚の障がいを持った人についての指摘もありました。「わたしも上京して方言で悩んだ」という言語的マイノリティを体験したという人もいました。日本や外国の「先住民」の母語について問題があるとしたグループもありますね。それから視点が一挙に地球規模に広がった意見,「言語的マイノリティ国家と言語的マジョリティ国家」や「英語帝国主義による被抑圧者」といった指摘もなるほどと思います。

　その中で日本社会における外国人の問題について見ていくことにしますが,皆さんの指摘に触発されて,その前にこのようなマイノリティ問題を考えるときにいつでも念頭に置きたい「力関係の問題は重層的だ」ということに触れておきましょう。強い者と弱い者という二分法ではなくて,より強い側とより弱い側が幾重にも重なりつながっているということです。そのことをはっきりさせるために,言語の何が人間社会の「力関係（パワーリレーション power relation）」とかかわっているのかを,前回学んだことの復習を兼ねて見ておきましょう。

1) リテラシーとディスコース

　前回は,「リテラシー」と「ディスコース」を人間社会の力関係と密着した言語運用能力という視点から考えました。その中で,「リテラシーのある者と

ない者」とか「権威となるディスコースを持った者と持たない者」といった二分法ではないことは例として触れてはいたのですが，言葉で説明しなかったのでここで簡単に触れておこうと思います。

　それは，皆さんがこの後，外国人の問題を考えるときに，「頭」で考えるだけで，自分とは直接関係はないけどね…と，引いた位置から見てもらいたくないからです。皆さん自身がマイノリティ，つまり被抑圧者でもあるということ，それでいてマジョリティであって抑圧者でもあるということを自覚しながら，この人間社会の問題から影響を受ける側の当事者として，またその問題を生んでいる側の当事者として，「心」で考えてほしいと思うからです。そうすることで，矛盾に満ちた自分の存在に気づき，それは割り切れないまま考え続けざるを得ない危うい (vulnerable) 存在なのだということを受け止めてほしいのです。

　そういっただけで，賢明な皆さんには言語運用能力という人間社会の力関係を左右する多くの要因の中のたった一つにおいてではあっても，自分の立ち位置もほかの人々の立ち位置も想像しようとする意識を持っていただけたと思います。それと一人の人でもその立ち位置が変わるということがあります。皆さんはこれも分かっていると思います。子どもだったとき，青年，中年，老年という年齢の変化でも変わるわけですし，病気や障がいを持ったり，妊娠したりしても変わるし，学校や社会，組織に属して学ぶことでも変わるわけです。むしろ，変わるために学ぶというべきでしょう。

　さて，ここまで来て，人は学びによってリテラシーやディスコースの能力を高めることができるという前回のテーマに戻ったわけです。そしてこれらの能力について前回触れた佐藤 (2003) の言葉である「リテラシーを差別と支配と抑圧と排除の手段としてではなく，人々の平等と自立と解放と連帯の手段として機能させるためには，どのような教育の実践が求められているのか」を思い出し，これらの能力を社会にある重層的な力関係を強めるためにではなく，力関係から人々を解放するために役立てることができるのではないかという方向で考えていってほしいのです。現時点でわたしもどうしたらそれが実現できるか分かりませんが，そのような意識は持っていたいと思います。

　昔から人間には「欲」というものがあって，絶えず「人と同じように」，さらには「人よりより上」を目指そうと思うものなのかもしれません。しかし，

欲を実現する手段や方法が与えられていなかったら，人は「がまん」するしかなかったのだと思います。昔，この国の為政者になる可能性は，生まれつきその機会が与えられた一握りの人たちにあったに過ぎなかったのです。村長(むらおさ)や大(おお)店(だな)の主(あるじ)にさえ，だれもがなれるというわけではないのです。「下剋上」などという言葉があったとしても，大多数の庶民は代々そんなこととは無関係に生きてきたと思われます。ところが，近代以降，教育の大衆化によって，多くの庶民が自らの欲をがまんする必要がなくなってきたとも考えられます。それは国の体制から考えると「民主化」なわけですから喜ぶべきことです。競争によって社会も「発展」していくわけです。

　ところで，民主化が進み，欲と競争を野放しにしておいて人は本当に幸せなのでしょうか。人の社会は豊かになるといえるのでしょうか。人は，リテラシーやディスコースの能力を高めることで，逆に欲の自制や嗜みを忘れ，人と人との連帯や社会の秩序ある豊かさを失っていっているのではないでしょうか。これらのことも考慮しながら，言語的マイノリティの問題を考えてほしいと思います。

2) 言語的マイノリティの多様なカテゴリー

　最初に，皆さんが調べてきた言語的マイノリティといわれる人々が被っている問題について各グループでまとめて発表してもらいましたが，よく調べてあってすばらしいと感じました。まず，上で挙げたように言語的マイノリティのカテゴリーが多様だということが分かりました。さっきわたしは，触れなかったのですが，あるグループが少数民族（エスニックマイノリティ ethnic minority）がいる国で，その人たちが民族言語を使用している場合に社会参加が不利になることがあるということを挙げていました。それから非識字者という前回テーマにした人たちのことをいってくれたグループは多かったですね。このように，一口に言語的マイノリティといっても多様なカテゴリーに分かれていて，その問題も多岐にわたっているということは，それらの問題を解決するためには一つ一つ別な対応が必要だということです。一筋縄ではいかないわけです。ただし，注目しておきたいのはその問題のほとんどが，人間社会の力関係によっているということです。言語的マイノリティの問題と限定して調べてもらったの

ですから「力関係によっている」のは当然で，これもトートロジーなのですが，人間社会において集団間や個人間での力関係がそれぞれの言語が違うことに影響を及ぼしたり，集団間や個人間での言語の相違がそれぞれの間の力関係を生み出したりするということが分かったと思います。そしてそれはわたしも皆さんも，どんな人でも，その力関係とは無縁ではいられないということですね。

2 ニューカマー住民に対する日本語学習権の保障

　前回（第7回），日本が締約国となっている「経済的，社会的及び文化的権利に関する国際規約」（「国際人権規約（A規約）」）の第十三条で，締約国は「自由な社会に効果的に参加する」ための教育を受ける権利を保障するとしていることを見ました。またこの規約の第二条において，「締約国は、この規約に規定する権利が人種、皮膚の色、性、言語、宗教、政治的意見その他の意見、国民的若しくは社会的出身、財産、出生又は他の地位によるいかなる差別もなしに行使されることを保障することを約束する」として，国民的出身によって差別なく保障されるわけですから，日本で生活している外国人が日本語を学びたいといったら社会側は教育を提供する義務があると解釈されます。重ねて日本国憲法第九十八条2で，「日本国が締結した条約及び確立された国際法規は、これを誠実に遵守することを必要とする」としていますから，憲法も外国人は日本語を学ぶ権利があるとしていると解釈できるわけです。

　しかし，現在，外国人が日本語を学習ぶための公的機関はほとんどありません。せいぜいが公民館や国際交流協会で行っている週1回，1時間半から2時間程度，ボランティア住民が支援者になっての日本語教室なわけです。対応しているのがボランティア住民ですから，ともに学ぶことはできたとしても，多くは日本語の構造や運用についての詳しい知識などについては素人なわけです。また，多くの日本語教室では，短期間に集中してまとまった学習をすることは望めません。先進国でこれまで移民を多く受け入れてきた国々は，これら外国人が生活していく上で必要なその国の言葉を学ぶことを奨励し，公的なシステムを作り，言語・文化教育を提供しています。しかし，日本ではそのようなシステムがほとんどないのはなぜでしょうか。

1) 日本語学習権が保障されない理由

　実は，これら日本で生活しながら日本語が不自由な人たちに対する日本語教育を提供する公的機関がまったくなかったかというと，それは違います。例えばかつてわたしが勤務していた中国帰国者定着促進センターというところは厚生労働省が設置して所管の法人が運営している百パーセント税金で賄われている機関です。ここでは現在，国費帰国の（日本政府が帰国費用を出した）中国及びサハリンからの残留孤児とその家族が帰国後6か月間，日本語や日本事情を学んでいます。すでにその任務が終えたとして2006年3月で閉鎖した東京品川の国際救援センターという機関は「インドシナ難民」といわれる人々を受け入れていたもので，ほかに神奈川県の大和と兵庫県の姫路にもインドシナ難民対象の機関がありました。現在も東京都内に条約難民及び「第三国定住」といわれる難民に対して日本語教育を提供している公的機関があります。それと国の機関ではありませんが自治体の教育委員会が設置した中学校の夜間学級（一般的には「夜間中学」といっています）で日本語を教えているところがあります。

　このように，外国人や残留孤児とその家族等に日本語を教えている公的機関はあります。しかし，それらのカテゴリーに属さない一般の外国人が日本語を学びたいと思っても年間70万円ほどもする授業料を要する日本語学校か，上で述べたボランティアの日本語教室でしか学べないのです。

　中国帰国者の大半である自費（国費によらない）帰国者，国費も含めた既に帰国した人たちや定着した難民が呼び寄せた家族等をはじめとした，いわゆる「ニューカマー」[*1]と呼ばれる比較的最近来日した外国にルーツを持つ人々の多くは，公的教育機関はもちろんボランティア教室で学ぶことさえできない人が「多数派（マジョリティ）」なのです。

　2009年末現在，外国人登録者数は2,186,121人[*2]です。このうち非永住者は1,243,084人で留学と人文知識・国際業務を除くと約102万8000人で，その多くは生活のために，一定程度の日本語を学ぶ必要があると思われます。一方，文化庁（HP）によると，2009年に「一般の施設・団体」で学んでいる者が115,237人で，この数はほぼボランティア教室及び日本語学校の学習者と考えられます。ということは，生活のために日本語学習が必要と思われる約102万8000人のうち約11万5000人がなんらかの機関や団体で学んでいると推計さ

れます。しかし，残りの約91万3000人については，独学で学んでいるか「自然習得」かという「自助努力」の状態と思われます。ちなみに，2009年に日本語教育振興協会認定日本語教育機関の在籍学習者数が 42,651人（同協会HP）ということで，115,237人からこの数を引くと，約7万3000人となり，これがボランティア等による「日本語教室」や「夜間中学」等で学んでいる外国人のおおよその数です。

　まさに，現状では，日本政府もホスト社会の人々も，外国につながる人たちと「ともに生きる」社会を作ると決断ができていないのだと思います。それは明治以来この国の人々にある「外国人と日本人は違う」という「精神的鎖国」に由来するのではないでしょうか。そうでなければ，多くの在留が許可され，種々の産業における労働や家事労働に従事し，納税の義務を果たしている人々，あるいはそれらの家族であったりする人々が，一人の人間として，社会で自らの力を発揮し，自尊感情をもって生活するために必要な日本語運用能力を養成するために公的な教育を提供しないはずがないでしょう。それは，同じマイノリティであっても障がいを持つ人々に対しては，特別支援教育を行うことから学校にエレベーターを設置することなどまで種々の社会参加のための配慮がされるようになっていることと対照的でもあるからです。

　これら外国につながる人たちにも，この国のあり方に責任を持ち，社会貢献をしてもらうために，ぜひとも，「ともに生きる」ことを決断し，社会参加のための日本語教育を公的に保障すべきと考えます。

2) 日本語を学ぶということ

　日本語教育を公的に保障すべきといいましたが，新たに第二言語（ここでは，滞在国や地域の主流言語で自らの母語ではない言語をいいます）を学んである程度のレベルまで達することが簡単ではないことは，ほとんどの人が理解していると思います。恒常的にかなりの時間を割き，長い間努力を続けて，場合によっては相当なお金もかけて，やっとかなうことです。

　その一方で，見過ごしてはいけないことがあります。それは，第二言語を学ぶことが個人のアイデンティティに少なからず影響を及ぼすということです。すでに第5回「文化と「言語」」で見たように，言語そのものがその使われる

集団（社会）の文化を反映しているわけです。さらに加えて，その言語で行われるコミュニケーション行動は，その集団にある文化的，社会的ルールにほぼ則ってなされるわけです。例えば，店で品物を買うというコミュニケーション行動一つをとっても，集団によって店側と客側との力関係が違います。日本では「お客さんは神様です」的な表現で店員教育をすることがあると聞きますが，その関係が分かるような形で客は客らしく振る舞い，店員は店員らしく振る舞っています。しかし，集団によっては，逆に店側が客側に「場合によっては売ってやってもいいよ」的な態度で接することが一般的なこともあります。「売り手市場」とか「買い手市場」とかいいますが，それが両者のコミュニケーション行動に表れるわけです。このように日常生活のあらゆる場面で，コミュニケーションの背景にあるその集団の文化的，社会的ルールが，学習者がそれまでの帰属集団で身につけてきたものと違いがあって戸惑いつつ違和感を感じることがあるのです。

　日本人と結婚して日本で子育てをしている中国系フィリピン人のリサ・ゴウ (1999 p.58) は，「私たちのアイデンティティを消滅させることなく，私たちを日本人に改造しようとするのではなく，日本語を学べるような場が必要なのです」といっています。わたしも長い間ボランティアとしてニューカマーの日本語学習支援をしてきましたが，面と向かって学習者にこのようなことを言われたことはありません。しかし，「日本では，こんなときは，こうするものですよ。そうしないと，こう思われますよ」などと言ってきました。わたしがかかわった学習者の中にも少なからず，内心このような思いを抱きながら，ぐっとこらえて第二言語として日本語を学び，日本語でのコミュニケーションを学んでいた人がいたのではないかと思います。

　さらに，公的保障がほとんどされない中，ボランティアという多くが日本語教育の専門家ではなく，学習成果に責任が持てない人から，週1回1時間半から2時間程度という学習成果が見込めない方法で学んでいることの弊害は大きなものがあります。それは，ほとんどの人にとって自分の大人としての能力を十全に近い形で発揮し社会参加ができるだけの日本語リテラシーや日本語ディスコースが習得しにくいということです。

　片言の日本語で曲がりなりにも意思の疎通ができるようになると，その日本

語で日本社会という土俵に上がってやりとりしなければなりません。子ども相撲の技と体力で,力士と相撲を取るようなものです。そして,ネイティブのような「完全な日本語」スピーカーになれないことを悟り,それは自分の責任だと思い込み,し方がないとあきらめてしまいます。

　日本語がほとんどできないときには,日本社会側から「日本語が通じなくてどうしよう」「通訳を捜さないと」と,思いっきり目立つ存在だった人が,曲がりなりに日本語で意思疎通できるようになると,子どもの学校の保護者会で,「日本語がちょっと…,クラスの役員はたいへんかな」とか,仕事の上でも「日本語をあまり使わなくてもすむこっちの仕事のほうがいいよね」とかといった「配慮」によって,表舞台からは排除されてしまうことがあります。そして,普段は目立たない存在となっていきます。

　本人は「二級市民」的な自己認識を持たされてしまいます。この国の社会的秩序にマイノリティという位置で組み込まれ,「同化」が完成します。つまり,言語的マイノリティとしてのアイデンティティを押しつけられるのです。

　このようなことでは,本人にとっても帰属している社会にとっても,不幸です。人は帰属社会に十全に社会参加し貢献することで,自尊感情を持ち,生き甲斐が感じられるのです。これらの人々を言語的マイノリティとしない第二言語としての日本語教育はどのようなものでしょうか。

3) 相互学習としての生涯学習

　本章ではここまで「ボランティア等による日本語教室」などといってきましたが,地域で生活する外国人のための第二言語としての日本語の学習については,二つの機能を持った別々の教室が必要だと考えます。詳しいことは以前書いたものがあるのでそちら（山田泉 2002 pp.118-135）を参照していただくこととして,以下,概略を説明します。

　まず,その一つは,ここまで述べてきたように,公的機関による一定の質と量を保障した日本語教室です。地域社会の生活者として,母語や母文化でのアイデンティティも尊重されながら,第二言語の日本語で十全に社会参加できる能力の養成を目指す日本語教室です。それぞれのニーズに合わせながらも,読み書きも含め大人として自分らしく生きられるレベルを到達目標とすべきでし

ょう。

　もう一つは，ホスト社会の日本人等と外国につながる人々が，ともに地域社会の対等なメンバーとして，相互に相手から学んだり，相手とともに学んだりでき，地域を真の「多文化共生」社会にしていくための能力を養成する教室です。「相互学習」を目的とした教室です。日本語についていうならば，外国につながる人々が学んで習得したレベルに合わせて，日本語母語話者のほうが自分の日本語発話を調整し，相手の日本語発話が受容できる日本語運用能力を身につけることが大切です。また，相手の言語や文化・習慣を学ぶことも必要でしょう。その上で，人として，あるいは地域住民として，共通に関心のある事柄について，対等に教え合ったり，議論し合ったりできる場という機能です。子育てや学校教育，地域の防災や医療，家庭での家事分担など，「ここは日本だから覚えなさい」という姿勢はやめて，相違から学び合い，あるときは第三の文化を創造することを目指してもよいと思います。ともに学び合い，ともに変わり（自己変容），ともに社会を変えていく（社会変革）ための相互学習です。

　これら，二つの機能を持った別々の教室での学びと，日常の社会参加というもう一つのより本質的な学びの場とがうまくつながることによって，外国につながる人々の社会参加能力が本物の「生きる力」になっていくと考えます。どんな人でも，社会参加することによってしか，社会参加する能力を高めることはできないと思います。子どものクラスの役員やお客とのやりとりを免除されていては，社会参加能力を育むことはできません。

　マイノリティを作らないための取り組みの一つに「ノーマライゼーション」というものがあります。ちょっと前によくいわれました。これは社会的弱者であるマイノリティ側に支援をして，力をつけてもらうだけではなく，弱者を生み出している社会のあり方のほうを変えるべきという主張によるものです。そのためには，社会の制度と人々の意識との双方を変える必要があるといわれています。相互学習としての生涯学習でともに学ぶことによって，その人たちが，社会の人々の意識を変えて，制度を整備することにつなげていくことを目指すべきではないでしょうか。

[次回のための宿題]
次はある市の「広報」です。これを小学校4年生に分かるように言い換えなさい。

「出産費の貸付制度」の早期実施について
出産費貸付制度は出産に要する費用として24万円を限度額に無利子で貸し付ける制度で，厚生労働省も制度の実施に積極的に取り組むよう周知を要請している。また，返済については，出産育児一時金の最高8割が前倒し支給となるもので，この制度は，若い子育て家庭の経済的負担の緩和になる。……

*1 かつての日本の植民地に由来した朝鮮や台湾から来た人々とその子孫の人々をオールドタイマー（オールドカマーとも），あるいは「在日」というのに対し，それ以降に来日した人々をニューカマーと呼んでいます。1980年以降の来日をいうとする研究者もいますが，ここでは第二次世界大戦後で「在日」というカテゴリーに当てはまらない人々を広く指しています。ちなみに，オールドカマーは英語にはない語で，オールドタイマーもニューカマーも，英語と対応した表現ではないといわれます。

*2 法務省ホームページによります。同年10月1日での総人口比ですが，1.71％となります。2008年末の外国人登録者数は2,186,121人，総人口比が1.74％で，これまで右肩上がりで増え続けていた数がこの年はじめて減少しました。リーマンショックによる日系人労働者等の解雇，雇い止めによる帰国が多かったといわれています。

第9回

日本社会のマイノリティ問題・事例学習1
外国につながる子ども

　前回は「言語的マイノリティ」ということで，主に大人にとっての日本語と社会参加について考えました。今回は，同じく外国につながる子どもの知的発達と第二言語である日本語の関係，加えて日本の学校文化について見てみたいと思います。前回出した宿題はある市の広報の一部を小学校4年生に分かるように書き換えるというものでした。まず，これを15分でやってください。一人一人が書き換えてきたものを突き合わせて，各班で最高のものにまとめ上げてください。何のためにこんなことをするかは，授業が少し進んだところで分かります。そのときになったら，いくつかのグループに読み上げてもらいますから，準備しておいてください。

［前回の宿題］
　次はある市の「広報」です。これを小学校4年生に分かるように言い換えなさい。

「出産費の貸付制度」の早期実施について
　出産費貸付制度は出産に要する費用として24万円を限度額に無利子で貸し付ける制度で，厚生労働省も制度の実施に積極的に取り組むよう周知を要請している。また，返済については，出産育児一時金の最高8割が前倒し支給となるもので，この制度は，若い子育て家庭の経済的負担の緩和になる。…

1 今日本社会で起こっていること

　みなさんは，第1回のオリエンテーションで配って，第2回で各班の感想をまとめて発表し，議論した新聞記事を覚えていますか。そう，当然ですよね。みなさんからマジョリティ側がマイノリティ側を文化的に差別していることが次の世代にまで及ぶというショッキングな事例だという意見も聞かれましたね。今回は，そのことを克服するために，社会が子どもの知的発達をどうしたらうまく支えられるかということ，中でも言語教育面での取り組みの必要性を考えてみたいと思います。

　あの新聞の記事から，移民の二世，三世に貧困の連鎖がもたらされる可能性があることが示唆されました。記事は，いずれも2005年の後半に起こった事件で，一つがフランス，もう一つがオーストラリアでのものでした。ところが，同じようなことが日本でも起こらないとも限らないという現状があります。それは，移民家族の子どもたちの「不就学」等，学習機会が保障されていないことが原因となっています。

　日本社会では，「不登校」が13万人程度いるということが社会問題化しています。それは，これらの子どもたちが「義務教育」対象者だからです。しかし，文部科学省がいまだ外国人の子ども（日本国籍を持たない子ども）は義務教育対象外だとしているところから，外国人の子どもの不就学はほとんど問題にされることがないままでした。2002年，当時外国人が多く住む14の自治体がメンバーになっていた「外国人集住都市会議」で，「14市町で計7349人の就学年齢の子どもがいたが，約4分の1は公立学校や外国人学校のいずれにも通ってなかった」（『朝日新聞』2004）と報告されてから，問題視されるようになりました。不就学とは，学齢期の子どもが日本において日本の公教育の学校，子どもの母国に由来する学校，インターナショナルスクール等のいずれの学校にも通ったことがなかったり，入学，編入学はしてもなんらかの理由で通わなくなったりしてしまっている状態にあることを指します。一部の研究者はいずれの学校にも学籍がない学齢期の子どもとしています。この数字には，帰国したり転居したりした者の数も含まれているとの指摘もあり，また，その後教育現場の努力で改善された自治体もあるともいわれます。しかし，一定程度の教育を受

けてこそ社会参加の選択肢が担保される現代社会にあって，何語でも読み書きが不十分なまま大人になるのは，近い将来この国の大きな社会問題になっていくことは明らかです。

　わたしは滋賀県で外国につながる子どもの居場所作りのボランティアもしている大学の研究者[*1]から，次のようなショッキングな現実を知らされました。

　その研究者は「山田先生，2003年の滋賀の外国人登録者数は，ブラジル国籍の0歳が一番多いということ，知ってました？」と質問してきました。「それは，日系ブラジル人社会がベビーブームだということだろう？」というと，「そのとおりです。で，この赤ちゃんの親たちの多くが10歳代で，中には10歳代前半もいるんですよ」という言葉に，絶句してしまいました。もちろん，日本もかつてそういう時代もあったし，10歳代の結婚が問題だというわけではないのです。若い男女が職場で出会って，恋愛，結婚，出産というケースがあっても不自然ではないと思います。問題は，これらの若い親たちが何語でも大人としての読み書きが不自由だということです。不就学等の理由で一定程度のリテラシー，ディスコースが習得できないまま親となって，現代日本社会で子育てをすることには，かなりのハンディキャップがあると思われます。

　このことを考えると，子どもたち個人や家族と日本社会の将来のために，どうあっても外国につながる子どもたちにいずれかの学校で中等教育卒業程度の教育が保障できる制度やプログラムを早急に構築する必要があります。日本が，国籍に関係なく子どもたちの義務教育を認め，国の義務を果たすべき時に来ています。

2　学校教育と学力

1)「生活言語」と「学習言語」

　みなさんは，多くの言語には「生活言語」と「学習言語」があるという話を聞いたことがありますか。「日常生活言語」と「学習思考言語」などということもありますが，ここでは「生活言語」と「学習言語」といっておきます。数人しか手が挙がりませんね。はい。では，まず「生活言語」と「学習言語」の違いについて見ておきましょう。

簡単にいうと生活言語は，日常生活で，友達とおしゃべりをしたり，お店で普通の買い物をするときにやりとりをしたりするときに使っている言葉です。これに対して，学習言語は，学校教科の内容を説明したり，ニュース番組でアナウンサーが原稿を読み上げたりするときに使っている言葉です。例えば，語彙についていうと，「言葉」というのが前者で，「言語」というのが後者に当たります。この「語彙」とか「前者」，「後者」とかも学習言語の語彙ですね。

　生活言語は一般的には日常のやりとりを通して自然に習得されるもので，その言葉を使う状況や行動が伴っています。これに対し学習言語は抽象的な概念を操作するための言語といえます。学習言語の習得は一般的には，学校教育の中で教科の学習を通じてなされると考えられます。つまり，多くは小学校に入学しさまざまな教科を学びながら教科の内容とともに副次的に身につける能力と考えられます。

　学習言語について，具体例を挙げて見てみましょう。例えば語彙については，小学校の算数で「リンゴを3こと，ミカンを2こと，カキを1こかいました。くだものはあわせてなんこかいましたか」という問題があったとします。このときの「なんこ」という言い方に代表されるのが学習言語の語彙です。「なん」という不定数と「こ」という単位（助数詞）を組み合わせて単位をそろえての加減乗除を学んでいくために，あえて「なんこ」や「なんまい」「なん円」などと統一して使っていると考えられます。これは，「いくつ」や「いくら」ではないことに意味があるのです。最近の小学校の算数教科書を見ると教科書によっては「いくつ」や「いくら」で統一されているものもあり，子どもたちに算数を身近に感じさせるという意図は分かりますが，概念操作の訓練という面では問題がないとはいえないと思います。「なん円」も学習言語であって，生活言語では「いくら」なわけです。わたしたちは普通の買い物で「なん円」とは言わないですね。同じように算数では「等しい」などと言います。これも子どもどうしが，「みっちゃんのペンケースとわたしのって等しいね」などと言ったら，大人から「同じだね」と言うんだと指摘されるでしょう。語彙の面でもこのように学習言語と生活言語の違いがあります。要するに，生活言語は具体的，個別的な事柄を言い表すのに対して，学習言語は抽象的な，概念規定された事柄を言い表すために用いられるのです。別の教科の語彙で一例を挙げる

と，理科では「自然，実験，観察，仕事（率）」など，社会では「国土，都会，地方，社会，生活，民主主義」などが学習言語の語彙というわけです。これらの語彙も，子どもどうしが遊んでいる中で使うことはほとんどないでしょう。

また，生活言語と学習言語の違いは，語彙だけにとどまりません。文のレベルや文と文を重ねていく段落のレベル，段落と段落を重ねていく談話（ディスコース）のレベルにまで，それぞれの間でかなりの隔たりがあります。そこで，宿題の発表をお願いしようと思います。そうです，「ある市の広報」です。これなどは典型的な学習言語で書かれた文章といってよいでしょう。小学校，中学校，高等学校と教科の学習を通じて，学習言語を学んで大人になると，これほどの文章まで理解できるようになるわけです。え？　自分は何を言っているのか意味が分からなかっただって？　それは困りましたね。というわたしも「出産育児一時金」という制度が分かっていて，3回読み直してやっと理解できました。このような制度こそ，若い外国人の子育て家族に利用してもらいたいのに，上で取り上げた10歳代の親たちにはよけい分からないですよね。

いくつかの班の発表を伺いました。どれも相当な力作ですね。授業の最後に，各グループは書き込んだ紙を提出してくださいね。ではみなさんの先輩がかつて考えたものを組み合わせて作ったものを次に示します。

［書き換え例］
「出産費貸付制度（子どもを生むときにかかるお金が借りられるしくみ）」があります。子どもを生むときに病院などにたくさんお金を払います。このお金を，最高24万円まで利子を払わないで，借りられます（「利子」というのは，借りたお金を返す人が，お礼としてよけいに返すお金です）。このしくみが，「出産費貸付制度」です。厚生労働省も，このしくみを多くの人が使えるように，市なども市民にちゃんと教えなさいといっています（「厚生労働省」は，人々の健康や仕事について考える国の役所です）。このしくみは，「出産育児一時金（子どもを生んだとき，市などから，後でもらえるお金）」の80％を，先にもらうというものです。このしくみは，若くてあまりお金がない夫婦が子どもを生むのを助けます。……

どうですか？　小学校4年生に分かるでしょうか。

　さて、もうみなさんは、これまでの学習言語についての説明から、この書き換えをしてもらった理由について、何となく分かってきたのではないでしょうか。そうです。学習言語は、語彙だけの問題ではなくて、まとまった文章（ニュースや講義など話しことばの場合もあります）の組み立て方全般に及ぶことを理解してもらいたかったのです。

　この書き換えでは、単に語彙を変えただけではなく、上の学習言語で書かれたものでいっていることの意味をくみ取って、その内容について小学校4年生に分かるように言い換えてあるわけです。ここで分かるように、一文の長さや文と文のつなげ方などまで変わっています。よく、法律の文言が分かりにくいといわれますが、はじめに示した「ある市の広報」のような役所の文書も含め、司法、立法、行政が用いるいわゆる「お役所言葉」や学者の用いる言葉は、典型的な、そして高度な学習言語ということができるわけです。

　子どもは大人になるまでに、それぞれの学年での教科教育を通じて、教科の能力と学習言語能力とを相互に関連させて高め合っていると考えられます。そして、これら小学校からの教科の学習を通じて学習言語を効果的に習得できるかどうかには、生まれてすぐの時期からの言語環境が大きく影響することが知られています。その中でもとりわけ絵本や童話の読み聞かせや昔話、民話などの語り聞かせは、小学校に入ってから教科の学習を通じての学習言語習得のレディネス（新たな学習項目を学習可能とするための前提の知識・能力）を形成するためになくてはならないものです。

2) 学校教育での学習言語習得のためのレディネス

　話し言葉は情報伝達の手段であり、相手に自らの思いを伝え、相手から伝えられたことを受容し、理解するものです。もちろん、第6回で考えた「非言語コミュニケーション」要素も加わっていることはいうまでもありませんが。このことは、外界の事物を目や耳など五感によって直接知覚・認識するのと同じように、聴覚的刺激である言語によって間接的に事物を知覚し認識することが可能ということです。それは、自分で自分に発する言語によって、概念の操作を行い、思考したり、また思考したことを自らに表現し、再思考したりするこ

とも可能としています。

　これらの言語運用は，学校教育を受け，学習言語を獲得していくようになる前に，十分に訓練されている必要があるのです。それは生まれてすぐの時期から始める語りかけとともに，もう一つの言語による働きかけが必要ということです。多くは保護者など身近な大人によってなされる絵本の読み聞かせや物語の語り聞かせなどです。つまり言語によって子どもの頭の中に時間・空間という「世界」を出現させ，登場人物等が感情を持って生き生きと動き出させるなどの訓練が大切であるということです。多くの子どもは1，2歳ほどにもなればお気に入りの絵本ができ，毎晩寝る前に同じ本を読むことをせがむようになります。子どもは繰り返し同じ話を聞いてなぜ退屈しないのでしょうか。おそらく頭の中に世界が広がり出来事が展開することが心地よいからに違いありません。そしてこれらはできる限り保護者など語る側にとって不全感のない母語でなされるべきでしょう。これらの訓練が十分になされることで，学習言語を習得する「備え（レディネス）」ができると考えられるのです。

3) 外国にルーツを持った子どもの日本語学習言語の習得

　しかし，外国にルーツを持った子どもで，小学校入学前の来日や日本生まれの子どもの中には，これら学習言語を学ぶためのレディネスを形成するための訓練が不十分な者もあることが考えられます。これらの子どもに対しては，保護者等にそれらをする時間的余裕がない，母語の絵本や童話がないなどの物理的条件によることもあるでしょう。母親が外国人でも家庭で母語使用が制限され日本語使用を勧められる等，その子どもが日本語を実質的母語として育った場合には，母親の日本語能力が不十分で読み聞かせができず，その上身近に読み聞かせ等をしてくれる人がいないといった理由も考えられます。そのため，これらの子どもは結果的に入学後の学習言語の習得が不十分となり，学力が伸びにくくなる可能性があると考えられます。

　また，小学校の低・中学年で来日した子どもについては，学校教育での基礎段階に教育環境，とりわけ言語環境の著しく異なった中に置かれ，新たな環境への適応に失敗することもあります。この時期は，学習言語を学校での教科等の学習を通じて獲得し始める段階であり，学習言語の基礎を身につけるととも

に，教科の学習のし方を学ぶ過程で学習言語の修得のし方を身につける時期でもあるからです。

　これらの子どもは来日したばかりでその多くは日本語能力がまったくなく，学校側はまず簡単な生活言語からという対応とならざるを得ないでしょう。「こんにちは。わたしは〇〇です。〇〇から来ました。よろしくお願いします」のような生活言語の習得に力を入れることになります。その甲斐あって，またこの年齢の子どもの多くは，友達とのやりとりを通じた自然習得も比較的速いこともあって，1，2年もたてばある程度の日本語運用能力がついてきたように感じられます。そして，その後の言語習得は，教科の勉強とともに本人の努力に委ねられるというのが一般的流れと考えられます。

　ということは，これら日本語の生活言語を必死に学んでいる間に，教科の学習内容の理解や日本語の学習言語の習得は，一般の子どもたちにどんどんと水をあけられ，もはや追いつけない状態になってしまうということです。その上，この間，当然母語での学習言語の伸張もなく，むしろ日本語の生活言語の習得に専念せざるを得ない分，母語の生活言語すら家庭で日常的に使っている程度しか保持できない状態になることが多いようです。日本語の生活言語の習得が比較的速いのは，母語を失うことと引き替えになっているというのが現実のところといえるのです。これらのことを考えれば，この時期では母語での学習言語の伸張が大切であり，それができれば，母語での学習言語を第二言語（日本語）に置き換えることは可能であるといわれます。ぜひとも母語での教科学習・指導が期待されるところです。教科の学習について，家庭や補習教室等において，子どもの母語での録音教材とワークシートを使って予め学習してから，実際の授業を受けるという試みがなされ，成果が上がっているといわれます。

　それ以降の年齢で来日した子どもは比較的日本語の学習言語の習得が可能といわれています。それは，母語での学習言語の核が形成されていて，その母語の学習言語の一部は日本語の学習言語に置き換えていくことが可能と考えられるからです。一般になんらかの言語で獲得した学習言語のレベルまでその他の言語も学習言語のレベルを高めることができるといわれます。しかし，中島（2001 pp.132-143）では，生活言語は2年ほどでマスターできても，学習言語は専門のプログラムで対応したとして5年から7年でも完全に習得することは難

しいとしています。最近では日本から英語圏の国への高校留学が増えているといわれますが，英語の口頭能力は流暢になっても，それに比較して書きことばの能力が英語でも日本語でもいま一歩の場合があるという指摘もあります。上で引用した「出産費の貸付制度」の文章を母語で読みこなしたり，書けるようになったりしてから，別の言語もそのレベルまで高めたほうが効率的かもしれません。ただし，これらすべて，適切な言語教育プログラムの下で，専門家による指導があってこそ可能だということを忘れてはならないでしょう。

4) 外国につながりを持つ子どもの「低学力」

　日本では，学校教育現場に外国につながる子どもたちが在籍するのが特別のことではなくなって20年以上がたちました。この間，受け入れ側の教員から，外国につながりを持つ子どもの「低学力」問題がその子の言語との関係で考えられるようになってきました。当初から「○○ちゃんは，外国人とは思えないくらい日本語がよく話せるのに，学力が伸びない」といったことがいわれてはいました。それが，90年代後半から，話し言葉の伸びと教科を学ぶための言葉の伸びとの違いが指摘され，学力が伸びないことが教科を学ぶための言葉である「学習言語」の習得と密接に関係しているということが知られてきました。この教科を学ぶための学習言語をいかに習得させるかが学力を高めることにつながるとされるようになりました。そして，どうしたら学習言語の習得を進めることができるかが議論されるようになりました。文部科学省でもこの問題を深刻に受け止め，研究開発チームを設け，JSL（Japanese as a Second Language 第二言語としての日本語）教授法の開発を進めてきました。また，いくつかの教育委員会でも，関係教員と研究者等が協力して学習言語能力養成の試行が始まっています。

　しかし，それはいまだ外国につながる子どもが在籍する多くの学校の取り組みに反映されているわけではありません。その結果，普通の話し言葉は不自由ないように思えるのに「低学力」の外国につながる子どもたちが存在し続けています。その一つの結果が先に見た「不就学」やそれに続く「10代の親たち」という現象を生んでいることも少なくないでしょう。

　学習言語は，母語であれ日本語であれ，いずれか一つは獲得しておかないと

中等教育年齢以降になって身につけるのが難しいといわれます。学習言語を何語でも獲得していない人を「ダブルリミテッド（double limited）」といいますが，多くの場合これらの人の社会参加の選択肢は限られると考えられます。日本社会は，先に言及したフランスやオーストラリアの移民二世，三世と同じような問題を生まないように，この時点で，外国につながる子どもたちすべてが学習言語を習得し教科の内容を理解できるよう，そのための教育を確立し，しっかりと実施する必要があるのです。

3 外国につながりを持つ子どもたちと日本の学校文化

1)「みんなと一緒」の文化

　第3回，第4回でも「文化とは何か」を考えるに当たって，日本の文化について触れましたが，ここでは日本社会の学校文化が，外国につながる子どもたちの心理面にどのような影響を与えるかについて考えてみましょう。とはいってもわたし自身，心理学を専門にしているわけではありませんので，これまでの体験から思ったことを述べるに過ぎません。

　まずは，第4回「文化相対主義」で取り上げた，事例分析を思い出してください。一つは，事例1で，ある小学校1年生の始業式から三日目の帰りの会での出来事です。もう一つは，事例2で，ある女子校でのキャリアデザイン学部の学部説明会でわたしが体験したことです。よくいわれる日本の「集団主義」を証明するような二つの事例でした。日本の学校文化ではこのような「みんなと一緒」が大切な価値を持ち，仲間から排除されることが自らの否定につながるという思いがほぼ共有されているように思われます。学校だけでなく，日本社会のいたるところにこのような「文化」が見られます。しかし，わたしは，最近の若い世代でそれがより顕著だと感じているのですが，多くが若い世代であるこの教室のみなさんはどうでしょうか。

　現在，日本社会が相互依存的な封建主義，共同体社会から，自律的な民主主義，市民社会への移行期で，以前は多くの面で個人は嫌でもはじめから集団に属していて，何もしないで集団の中に浮かんでいればよかったものを，今は徐々に自分から意思を示して，働きかけないと集団に属せなかったり，そこに

留まっていられなかったりする社会になってきたのかもしれません。それでいて，その対象ごとに，それぞれの自由意思による是々非々で，集団の離合集散が可能な完全な個人主義には至れないでいるのかもしれません。
　まあ，解釈はどうであれ，このような学校文化の中にあって，外国につながる子どもたちはどうしたらよいのでしょうか。

2) 外国につながる子どもたちの葛藤

　「みんなと一緒」という学校文化にあって，外国につながる子どもたちは，自分の存在そのものが「異質」だと感じて，葛藤を抱いている場合が少なくないといわれます。顔かたちなど外形からそれと分かる場合は，逆に隠しようがないので，そこを逆手にとって「わたしは違って何が悪い」と居直れるとよいのですが，そうもいかないことが多いようです。ある金髪で目の青いダブルの中年女性の場合ですが，幼少から父親の仕事の関係で父親の母国と日本を行ったり来たりしながら教育を受けたと言います。バイリンガル，バイカルチュラルなのですが，年中，日本人に「あなたは日本人以上に日本人らしい」と「褒め」られるので閉口するといっていました。「半分日本人ですから」と言うそうですが，相手はそう言っていながら，「外国人」として接してくるのがよく分かるといいます。「日本人と変わらない」が「褒め」言葉ならば，「日本人と違う」は明らかにマイナスの評価ということになります。そこで，多くの日本の学校に在籍する外国につながる子どもたちは，必死に「日本人らしく」なろうとしているのです。
　次は，第8回でも引用した，中国系フィリピン人のお母さんであるリサ・ゴウ（リサ・ゴウ，鄭暎惠 1999 pp.51-52）の指摘です。やはり同じように日本人と結婚して中学1年生の子どもを育てているフィリピン人から聞いた話ということです。

　　ある時，二人が道を歩いていたら，Sちゃんのクラスメートに会いました。すれ違う寸前に，Sちゃんは母親にいいました。「何があっても，絶対にしゃべらないで。話をするのは私だけだからネ！」後で母親は娘に対して「どうして私がしゃべったらいけないの？　私は日本語が話せるのに」と

詰めよりました。すると，Ｓちゃんは最後には母親にこう言ったのです。「母さんの日本語は変！　本当に日本語が分かってるの？　わかってるんなら，それを証明して見せてよ！」それからＳちゃんは敬語を使って話し，本当に日本語が話せるかどうかを証明するためだとして，彼女が言った一言一言全てを，母親が彼女の後について繰り返し言うよう命令しました。その時母親はとっさに娘の顔を平手で一発叩きました。

　母と子ともども，苦しい思いをしているのが，痛いほど分かります。子どものほうは，自分にくっついている「フィリピン人のお母さん」という「違い」を，友達の前で必死に振り払おうとしているのです。母は自分の言語や文化，さらには自分自身という存在を子に受け継ぐどころか，その存在すら否定されていると感じてしまうからでしょう。それは，小学校４年生で来日して小学校で徹底的にいじめられたというある中国残留孤児二世の女性が，中学生のとき，母親と外出するときに離れて歩いたと言っていることに通じます。また，この人は，中国服で出歩く母親に，「やめてよ。中国人ってばれるでしょう」ととがめたといいます。中学校，高校と「日本人になりきる」と自分に誓って，話す日本語に中国語なまりが出ないように絶えず気にしながら話したといいます。大学生になったとき友達はみんな普通の日本人と思っていたそうです。それでいて，この人が一番辛かったのが，自分の親友から日本名で呼ばれるときだったといいます。何でも話してくれる大の親友に，自分は本当のことを隠しているということを，名前を呼ばれるたびに，胸に突き刺さってきたということです。

　ところが，これとまったく同じ指摘を，在日二世の女性から聞いたことがあります。どうでしょうか。みんなと「違う」ということを在日二世も隠して生きてこなければならず，残留孤児二世の時代でも変わらず，それが現在も続いているということは，この社会の問題を感じます。そして，「普通の」日本人の子どもまでもが，「みんなと一緒」を気にして，子どもながらも，心晴れやかにありのままの自分を楽しめないとしたら，本質的には人々がみなそれぞれの人生を歩む人間の社会として健全とは思えません。「違いを豊かさに」——これは大阪府と大阪市の在日外国人教育研究協議会の合い言葉ですが，このこ

とを実現する教育を，すべての子どもとその家族が願っていると思われます。

［次回のための宿題］
　今回は，Sちゃんとフィリピン人のお母さんとの双方が，日本で生きていく上で苦しんでいることを紹介しました。では，Sちゃんのお母さんのように日本人の夫との子どもを日本で育て，生活している外国人のお母さんは，自分の母語や母文化を日本生まれの子どもに積極的に伝えるべきだと考えますか。あるいは，そうすべきではないと考えますか。その理由も示して自らの意見を述べてください。

*1　本人も日系ブラジル人二世のリリアン・テルミ・ハタノさん（現在は近畿大学准教授）で，彼女が大阪大学大学院在学中，筆者もとともに活動をしてきました。

第10回

日本社会のマイノリティ問題・事例学習2
結婚移住女性

　今回は，結婚移住女性に焦点を当てて，日本社会におけるマイノリティ問題事例を見て，日本社会の進むべき方向を考えてみたいと思います。「結婚移住女性」という言葉は，馴染みがないという人もいるでしょうね。これまで「外国人花嫁」などといわれることもありましたが，日本人の男性と結婚するために外国から来た女性を指します。結婚してもうだいぶたって，その子どもが結婚したという人もいるので「花嫁」という言い方が気になることもあって，特に研究者はこのようにいっています。結婚移住女性を考える場合も，多くのケースが経済のグローバリゼーションが生み出した「現象」の一つとしてとらえるべきではないかと思います。
　では，まず宿題からお願いします。各グループ，10分でまとめてください。これは，本授業の後半に発表してもらいます。

［前回の宿題］
　第9回では，Sちゃんとフィリピン人のお母さんとの双方が，日本で生きていく上で苦しんでいることを紹介しました。Sちゃんのお母さんのように日本人の夫との子どもを日本で育て，生活している外国人のお母さんは，自分の母語や母文化を日本生まれの子どもに積極的に伝えるべきだと考えますか。あるいは，そうすべきではないと考えますか。その理由も示して自らの意見を述べてください。

1 ある地方都市でのアクションリサーチ（参与観察）

　わたしは、ある地方都市に1990年代前半からかかわらせていただき、外国につながる人々と日本人等がどのような思いでどのような社会を作ろうとしているかを勉強させていただいてきました。そういうと、人々が必死に生きている生活の場を、「勉強の材料にするな」と叱られそうです。まあ、そのとおりで、実際、叱られ続けてきました。でも20年近く出入りしていると、かかわってきた人々の生き方に感情移入し、単なる部外者ではないような気持ちになります。ということで、その地方都市の状況を話したいのですが、その前に、わたし自身のことについて話しておきたいと思います。というのは、この「感情移入」にはわたし自身のことが影響していると思うからです。自分のことを語るというのは客観性を無視した、まさに個人の視点からの主観的な話になるので、学生の皆さんには、批判的に聞いていただいて、それぞれに解釈していただきたいと思います。

2 ある農村の状況1（わたしが中学生だったころ）

　それでは、以下、わたしが生まれ育った農村について、中学生になるころまでの回想を記します。

1) 日本の経済高度成長期

　わたしは、1950年、関東地方の農村地域に生まれました。当時は、（第二次世界大）戦後ベビーブームの後半期で、小学校も中学校も一クラス50人以上でした。いわゆる「団塊の世代」の尻尾に当たるわけです。

　また、「朝鮮戦争」（1950.6 – 1953.7休戦）が始まった年でもあります。日本の学校教育を受けた皆さんは、中学、高校で学んでいると思いますが、第二次世界大戦の敗戦によって疲弊した日本の産業界が、いわゆる朝鮮戦争の「特需景気」で勢いを回復した時期でもあります。国連軍の主体であるアメリカ軍に調達する物資の生産で、製造業を中心として、戦後日本の産業界が急速に復興していきました。

この「特需景気」などに後押しされ，人々が「賃金労働者（サラリーマン）」となり，「物がない」という状況から始まった日本の戦後社会に大きな「内需」が生まれました。それが60年代から70年代中半の第1次オイルショックの時期までの「高度経済成長」につながりました。「朝鮮戦争」という日本の旧植民地支配がもたらしたとも考えられる「不幸」によって内需の引き金が引かれたといってもいいと思います。それによってその後の各時期の「三種の神器」をはじめとした「物資」に対する爆発的な内需拡大に火がつき，増大する生産力によって貿易競争力が上がり，輸出の増大が外貨の獲得を進め，それによって物資の生産に必要な海外からの資源の調達が進むという経済発展の循環モデルを作っていったのです。

　本格的経済発展は強い内需から始まるというのは，現在の中国やブラジル，インドなどの「新振興国」とも共通するのではないでしょうか。現在，日本をはじめ多くの先進国のように，ほしいものは飽和し，あとは買い換えだけという状況では，国内がよほど二極化して，高い購買力と安価な労働力供給が共存しない限り，経済発展は望めないないでしょう。先進国の多くは経済的には「過去の国」となっていくというわけです。

2) 高度経済成長期の農村

　日本の高度経済成長の加速時期で東京オリンピック開催（1964年）もあったころ，わたしは，生まれ故郷の「田舎」で，中学校の1，2年生を，「東京に行きたい」と強く思いながら過ごしていました。

　この高度経済成長下の日本の農村地帯では，「耕地整理」が進められていました。いわゆる「戦後からの脱出」「近代機械化農業への脱皮」を掲げ，農家一軒一軒の農地が離れて点在したり，狭く入り組んでいたりするのを，機械化しやすい大きな四角形のものに整理し，灌漑用水や農道も，機械化に合うように整備するというものです。皆さん，どうでしょうか，「それはすばらしい」と思うでしょうか。わたしなどは，その当時の社会科の教科書で，広大な農地でコンバインが収穫している写真を見て，そのキャプションに「アメリカの近代化された農場」などとあるのに，「すごいなあ」と感動したものです。

　ですから，わたしが生まれ育ったうちの部落も，早く耕地整理をすればいい

のにと思っていました。すると，部落で唯一大学，それも旧帝国大学の農学部出で，子どもたちに勉強の場を提供してくれていた，寺子屋式の「塾」の「先生」が，わたしに話してくれたことがありました。その時は，「教科書」のほうに洗脳されていたので，あまり重きを置きませんでしたが，その言葉は忘れずに頭に残っています。

　それは，「耕地整理をしたら農家はなくなる」というショッキングなものだったからかもしれません。耕地整理は何のためにするのか考えたことがあるかというのです。

　耕地整理をしたら，一軒の農家はその費用を今後30年間，年間数十万円ずつ返済することになる。機械化ができて楽になるのは分かるが，農協からトラクターやコンバイン，その付属品など高額な機械を買うとどうなるか。10年ローンを組んでも，ローンを払い終わらないうちに機械が老朽化して使えなくなるか，買い換えたくなる。その上，その機械を使うのは春先と秋が中心で，合計しても年間30日も使うことはない。納屋の中で，元も取らないうちに朽ちていく。ここらの農家のほとんどはトラクターやコンバインを使って割が合うほど農地は広くない。耕耘機（手押しの耕作器具）で十分だ。そのうち，農作物からの収入だけではやっていけないから，専業農家もなくなり，兼業農家は工場や土木現場で働いて得た給料も耕地整理関連の借金返済で持っていかれる。そして跡取りがいない場合はそこまでで，年をとって体が動かなくなれば，農地は二束三文で持っていかれる。そんな農家が増えていく中で，耕地整理がしてあれば，畦道を一本外せば，一区画の広い農地になる。これが繰り返され，農業社会が「農業会社」化していく。各農家にとって耕地整理は，農機具メーカーと農協金融，農薬・化学肥料会社を富ませ，将来の農業会社化を目指すこの国政府に，自分の首を絞めて，協力することになるだけだ…というようなことを語ってくれました。

　今になって振り返ってみると，そのとおりになっていると思います。それも日本全国各地の農家が，というか，日本の農業そのものが，車や家電など，日本の製造業の国際競争力伸長の犠牲となって，業績のよい「農業会社」だけが生き残る社会になろうとしています。さらには，その「農業会社」も業績がよければよいほど，大資本の国際アグリビジネス企業に狙われ吸収されていくこ

とでしょう。今，まさに経済グローバリゼーション下の競争社会と農家の立場を予言するような「先生」の言葉を反芻しています。ちなみに，わたしの故郷の部落は，最後まで耕地整理をしなかったのですが，「先生」が亡くなって，周囲の部落や村などからの「周りに迷惑がかかる」との圧力に屈して，周辺地域で最後に耕地整理をしました。

3 ある農村の状況2（わたしが40歳代半ばだったころ）

その後のわたしの人生と，その間，すっかり変化した故郷の農村について，幼なじみとの久しぶりの再会で感じたことについて，以下に記します。

1) 30年という時間の流れ

わたしは，中学校3年生になって，「東京に出る」という念願がかないました。兄が大学を卒業し社会人になり東京で働きはじめたのですが，この兄の家に転がり込んで，「東京の中学生」になったのです。中高生の時は，ほとんど毎月1回は，実家に帰省していました。お金がなかったので土曜日の午後学校が終わってから半日かけて自転車で行って，日曜日の午後に半日かけて戻ってくるということをしていました。ですから，帰省してもずっとやりとりのあった一人の親友の家を訪ねて将来を語るくらいで，部落の幼なじみと長話をするということもほとんどありませんでした。

わたしも，その後は就職，転職，結婚，出産，子育てと，ずっと，外国も含めて，転々としながら都会暮らしを続けてきました。そして，40歳代半ばになったころの年末と記憶しますが，正月を実家で過ごすために夫婦と中学生の長男と小学生の次男で帰省していました。跡を取った（家を継いだ）姉がその10数年前に亡くなっていて，その娘が都会に出てしまっていたので，実家は，80歳代のわたしの母と60歳代の義兄の二人暮らしでした。普段手が回らないので大掃除は骨が折れました。大晦日になっても，何度もゴミやいらなくなった物を屋敷に隣接する田圃の一角に造った簡易の焼却炉に運んでは燃していました。すると，遠くの田圃にトラクターで田起こしをしている人がいることに気がつきました。そちらからもこちらを見ていたのか，しばらくして，トラク

ターが止まって，人が降りて近づいてきました。はじめは分かりませんでしたが，50メートルほどの距離になるとそれは幼なじみの同い年のSちゃんと分かりました。

2) Sちゃんの人生

　かれは，子どものころ，いわゆる「遊びの天才」で，年上の子も一目置く，ガキ大将的存在でした。木登りや魚取りから弓矢や木ゴマを造らせたら右に出るものがいない，相撲やベーゴマでは無敵というスーパーマンでした。それでいて，小学校時代でも登校前に牛の餌やりをしてから出かけるなど農家の仕事をきちんとこなす「長男(あととり)」でした。彼は幼いころのわたしにとってヒーロー的存在でした。

　わたしは，父親が国家公務員だったので，祖父が亡くなった翌年の小学校3年生になった時から，家族5人で東京の官舎で暮らすことになりました。しかし，間もなく父は病気で入院し，そのままわたしが6年生の時に亡くなりました。それで中学校への入学とともに母と姉とわたしが田舎に戻りました。大学生だった兄だけが，大学の学生寮に入ることになりました。

　そんな春休みに幼なじみのスーパーマンSちゃんたちと遊んでいたのですが，入学式の日，式が終わって家に帰る間際に，Sちゃんがわたしのクラスにやってきて，「おれ，先に帰るよ。今日は，遊べないからね」と言いおいて，足早に昇降口の方に去っていきました。その後ホームルームが長引いたわたしのクラスは，新1年生では一番遅く家に帰ることになりました。家に帰って，着替えて，真新しい教科書を開いて見ていると，外で耕耘機がリヤカーを引っ張っていく音がしました。窓から，外を見ると砂利を引いた農道を，かなりのスピードで遠ざかっていく後ろ姿が見えました。Sちゃんでした。リヤカーを付けた耕耘機の運転台に立ったままで操っている姿がまぶしく感じられました。13歳の年でSちゃんが農家の家業にしっかりと位置を占めているのが「すごい」と思いました。「また，負けた」とつくづく感じました。

　そのSちゃんが，「いずみ。ずいぶん精出して，大掃除だね？」と笑顔で声をかけてきました。「うん。年寄り二人だから，掃除も手が回わんないみたいで，一年のゴミが溜まっていて…，それより大晦日に田圃仕事もないだろうに…」

と言いました。すると，次のように言うのです。

　叔父さん，叔母さん一家と弟一家が子連れで帰省しているんだそうです。都会暮らしの子どもたちが広い田舎家で鬼ごっこやプロレスごっこをやって，飛び回っていて，婆ちゃんや両親は久しぶりに賑やかな子どもたちの声に満足しているみたいだけど，おれは，うるさくていられないといいます。話が，同い年の共通の友達の話になると，「あいつは，タイに奥さんがいるんだわ。子どもも女の子が二人いて，年に2，3回，それぞれ一月近く，会いにいってるみたいだよ」というのです。最後に「おれは，そんなことできる人間じゃねえからなあ」といって，ハハと小さく笑いました。

　わたしと同い年の「長男（あととり）」が，うちの部落と周りの部落で7，8人いたでしょうか。そのうち，当時も残っていた者が5人くらいだったと思います。それで，嫁が来たのは一人だけです。女の子のほとんどと次男，三男は，まず，田舎に残っていません。

4　ある地方都市の国際結婚

1）アジアの途上国からの出稼ぎ女性

　皆さんは，「人身売買」というと，「どこの国のこと？」「いつの時代のこと？」と思うでしょうね。それが，今，日本で起っているなど，信じられないのではないでしょうか。2005年にアメリカ合衆国の上下両院で，日本がフィリピン等東南アジアからの女性に対して人身売買を行っており，改善するよう全会一致で決議をしました。これには日本政府も敏感に反応し，フィリピン等から「興行」の在留資格で入国を認めていた基準を見直し，入国管理局の審査を厳重に行うことになりました。それによって，日本のいたるところにあったいわゆる「フィリピンパブ」（女性ホステスの多くがフィリピン人のパブ）がなくなっていきました。また，2005年の統計から「興行」の在留資格での外国人登録者数が激減しています。このような女性をダンサーなどとして「興行」ビザで入国させ，実態は風俗店に売買されるケースが少なくなかったのです。ただ，フィリピン国籍者数は，日本人との結婚移住女性やその呼び寄せ家族が増えていることもあり，目立って減ってはいません。

1990年あたりから，さらに過酷な東南アジア女性の人身売買が目立ってきました。多くがタイの東北部の農村地帯から送り込まれてきました。この地域はタイでも貧しく，一家の子どものうち一定の年齢になった長女から都市などで出稼ぎをして家計を助けるのが一般的ということです。これらの女性の一部が，斡旋業者から渡航費用などを借金し，タイ国内で転売されたりして，日本までやってくるのです。さらに日本国内でも暴力団などに転売され，働く「お店」に着いた時には，平均で300万円ほどの借金を背負わされた身になってしまうといいます。この借金を返すまで，風俗店で働くことになります。働くといってもその間，ほとんどお金をもらうことはできず，病気であっても客を取らされ，酷使されつづけるといわれています。場合によっては狭い部屋に数人で住まわされ，パスポートは取り上げられ，外出も厳しく管理されるのが一般的なようです。HIVの感染者になるのもまれではないといわれます。1990年代に，この「性奴隷」のような状況から逃れるため，同じタイ人や外国人の「ママさん」（店の管理者）等を殺してしまうという事件が立て続けに起きました。

　このような，日本社会の風俗店で働く女性が日本人男性と出会い，親しくなり，結婚することが増えました。

2) ある地方都市の場合

　ある地方都市の事例について紹介したいと思います。実際この地方都市で生活する中年の男性から聞いた話です。この地方都市でも，家の跡継ぎの長男に嫁の来手がないのだそうです。この地域で生まれた女性や次男，三男などは皆都会に出て行ってしまい，都市であっても駅前商店街の店主や中小零細工場の経営者，近隣農家の長男などは結婚の機会がないまま年を重ねていっているといいます。それらの男性が，風俗店で働く外国人女性と出会う機会の一つが，地域消防団の訓練など定例会合後にあるといいます。会合が終わって，二次会の飲食店で飲み食いをした後，多くのメンバーは三次会でスナックやカラオケバーなどに行くことが多く，それらの店の一部には「デート」と呼ばれるコースがあるのだそうです。スナックやバーに行ってしばらくして，そこで出会って気に入った外国人女性たちと一人，また一人と「デート」に出かけて行くのです。そこでさらに気に入ると，その後もその店に通って，その相手を指名し，

デートを繰り返すうちに，その女性の持っている借金を肩代わりして，いわゆる「身請け人」となり，女性と一緒に生活するようになるのだそうです。そして相手は在留許可がないのでいわゆる事実婚をし，子どもが生まれるということになります。90年代初頭の「草創期」には生まれた子どもが無国籍となることもありましたが，現在は多くの場合，父親の日本国籍を取得しています。はじめは，外国人の嫁に抵抗を示していた舅，姑も，孫が生まれると，息子の結婚を受け入れることが多いようです。そして，これらの孫が，次の世代の「跡継ぎ」と期待されるわけです。
　まさに，この地方都市では，わたしの生まれ故郷同様，長男の嫁探しに苦労しているわけですが，「幸い」にも外国人の出稼ぎ女性という結婚相手と出会うことができ，後継者になる可能性のある子どもが生まれているのです。女性のほうも，人身売買の借金から逃れ安定すれば，祖国の父母など家族に日本円ではそれほどではなくても，現地の収入と比べてみるとかなりの額の仕送りができるわけです。

3) 結婚移住女性

　もちろん，この地方都市でも，日本のほかの地域と同じように，出稼ぎ女性との結婚よりも，仲介斡旋業者や個人の仲介者などを通じた国際結婚のほうがずっと多いわけです。現在は，インターネットを使うことも多くなっているようです。
　地域の支援者の女性3人とわたしは，1990年代半ば，仲介者があって結婚し，出産，子育てのために，1年間東南アジアの実家に里帰りした家族を訪ねたことがあります。それは，奥さんとお子さんを国に帰して，半年経ったので，旦那さんが様子を見に行くというのに，無理をいってくっついていったのです。現地は，農村地帯でしたが，日本とのつながりが強い村で，日本人との国際結婚以外に，男女とも日本への出稼ぎなど，なんらかの形で日本で働いたことがある，あるいは今働いている家族がいる家なども多いというところでした。多くの家が立派で，日本の農村でも見ることができない近代的な住宅が並んでいました。ただ，その間に木の支柱に竹を編んだ壁と椰子の葉で拭いた屋根という小さくて傾いた高床式の家もありました。小作でさえなく，農作業の手伝い

で労賃を稼ぐくらいで，出稼ぎや国際結婚のための手付け金がなかったり，担保がなかったりして，斡旋業者から相手にされない家だということです。

　日本人の奥さんの実家は，1階は半分がコンクリートの三和土(たたき)に食卓と低めのベンチが置いてあり，お父さん以外の家族はここで食事をしていました。日本人の夫とわたしたちもここでご馳走になりました。1階の残り半分は，台所とお父さんとお母さんの寝室ということでした。でも，ほんとうはわたしたちの泊まった2階のベッドルームがいつもは二人の寝室のようでした。2階は，二つのベッドルームと10メートル四方くらいの板張りでぴかぴかに磨いたフロアーでした。このフロアーにはテレビなどの家電も揃い，大型のステレオが部屋の一辺の中央に据えられていました。さしずめ一家のリビングルームといったところでしょうか。床に敷物を敷いて横になったり，30センチほどの高さのある「座椅子」に座ったり，あるいは，子どもたちが皆そうしているように床にぺたんと座ったり，思い思いな格好でテレビを見たり，教科書を開いたりしていました。生まれて半年のお子さんも大家族の子どもたちに支えられ，すくすくと育っているという印象を持ちました。

　日本人の夫は，雑貨屋を営む義兄に，日本の中古車も贈っていました。それは，その村唯一の自家用車とのことでした。わたしたちは，その車で観光地や市街地の案内もしてもらいました。

　日本の地域社会に暮らす人たちと，この東南アジアの国の地域社会に暮らす人たちとが，みょうな接点でしっかりとつながりながら，ともに人生を送っているということに複雑な思いがありながらも，一方で納得している自分がいました。

　この滞在中に日本人の夫がわたしたちに漏らした二つの言葉が心に残っています。その一つが，「新聞も，テレビも，町の看板も，みんな日本製品のコマーシャルばかりだ。これじゃあ，テレビもバイクも洗濯機もほしくなるよな。日本にも行きたくなるよな」というものでした。もう一つが，「今度来たときは，風呂だな。こっちの人は水のシャワーだけでかわいそうだからな。日本の風呂桶を送って，今度は，風呂場を造ってやろう」というものでした。

5 日本全国の結婚移住女性

　ここまで，日本のある地方都市の事例を紹介しました。しかし，日本人の男性と外国人の女性の結婚は日本中で増えています。1990年に日本社会では「1.57ショック[*1]」という言葉がマスコミをはじめとして政治，行政の世界でもいわれ，「少子，高齢化」が確実に進行していることが数字として見える形で示されました。それは，都会よりさらに過疎化が進む農産漁村ではより深刻な状況になっていたのです。まさにこの1990年前後から日本の各地の村では「農家の嫁不足」という現象が指摘されるようになりました。村から子どもが消え，保育園が閉鎖されていきました。このような中で，過疎化が進む自治体では，その存続の危機が議会で議論されるようになりました。

　山形県の町や村では，自治体職員が直接東南アジアに出かけていって，嫁探しに乗り出しました。もちろん，多くの仲介業者は集団見合いなども行い，「アジアの花嫁」を斡旋することが急速に増えていきました。先に嫁に来た女性なども仲介を行うようになりました。その後，90年代後半になると山形県のいくつかの自治体では，「お母さんが外国人だということで学校でいじめられることはない。外国人でないお母さんのほうが少ないんだから」と冗談でいわれるような状況になっていったということです。

　ただし，問題も少なくないようです。前回（第9回）で見たSちゃんとフィリピン人のお母さんのような，「みんな一緒」の同化圧力の強い日本社会で，家族の中の多様性を，当の家族の一員であっても，「よいこと」として仲間や社会に胸を張って主張できにくいということがあります。また，先に述べたように舅や姑などほかの家族から，外国人のお母さんが「日本式」を強要されたり，子どもの養育への干渉を受けたり，ひどい場合は実質的な養育権が取り上げられてしまうこともあるといわれます。親が子に言葉や文化をしっかりと受け継いでこそ，親子としての一体感も育まれるものと思います。それは，世界のどこで暮らそうと，大切なことではないでしょうか。

[前回の宿題から]

　さて，ということで，宿題についてです。皆さんから宿題の回答を聞く前に，

ここまででわたしの意見を言ってしまいました。では，それぞれのグループではどんな意見が出たでしょうか。話し合ってまとまったのであれば，それでもよし，まとまらなかったら，「このグループではこのような意見が出ました。その理由はこのようなものでした」と出た意見を並べてもらってもいいです。では，お願いします。

　　Sちゃんのお母さんのように，日本人の夫との間の子どもを日本で育て，生活している外国人のお母さんは，自分の母語や母文化を日本生まれの子どもに積極的に伝えるべきと考えますか。あるいは，そうすべきではないと考えますか。その理由も示して自らの意見を述べてください。

　ほとんどのグループの意見が，積極的に伝えるべきというものですね。わたしが，それが「大切なこと」といってしまったのでそうなったのでしょうか。でも，伝えることができなかったり，伝えることで偏見や差別があったらそのような社会にこそ問題があるという指摘がなされましたね。一方で，子どもが親から言葉や文化を受け継いでいることを隠そうとしても，それで子どもを責めるのではなく，隠さなければならないような社会のほうを変えることが教育には期待されるという意見，なるほどと思いました。
　それでは，最後に，2010年9月に韓国のある市民活動団体で伺ったことを紹介したいと思います。

6　韓国の結婚移住女性の受け入れ

1）韓国における外国人施策
　その前に，まず，韓国での結婚移住女性を含めた外国人受け入れ施策がどうなっているかを簡単に触れておきましょう。
　同じ東アジアの隣国である韓国は，日本に約5年ほど遅れて外国人労働者の受け入れが，10年ほど遅れて外国人女性の国際結婚での受け入れが，それぞれ本格化しました。しかし，合計特殊出生率の降下の割合や速度が日本に比べて

も急激であることもあってか，移住外国人の受け入れ政策の整備を急速に進めています。

2005年には，永住の在留資格を得て3年以上たった外国籍住民に地方参政権（選挙権だけで被選挙権はありません）を付与する法律ができ，投票も行われています。2010年6月に京畿道議会選挙でモンゴル人で韓国籍を取得した女性が当選しています。この人は韓国籍に変わっていますが，同じような外国籍の結婚移住女性も票を投じたと考えられます。

2006年には，韓国政府は文化の多様性を肯定した国造りをする決定をし，2007年，「在韓外国人処遇基本法」という，在住外国人にも韓国の社会作りに責任を持ち貢献してもらうとして，そのために外国人であるがゆえにハンディキャップとなることにはその解消のための支援をしていくべきことを決断しています。この法律は，かなりの数に上る非正規移民を対象としないと謳っていることなど，問題があるとの指摘もありますが，外国人の一方的な同化ではなく，韓国人側の意識改革をも目指すとしたところは「基本法」として評価できると考えます。

そして，2008年「多文化家族支援法」を制定し，多文化家族（国際結婚家族）の支援施策推進の基本としました。その下に，多文化家族支援センターが整備され，2010年春には全国に130以上のセンターが設置されました。ここでは，母親等への韓国語教育，子育て支援，子どもの韓国語発達や教科学習支援をしています。また，子どもの母語・母文化学習支援も一部のセンターで試行が始まっています。また，このセンターに併設されたり，別に設置されたりしていますが，DV（主に夫による家庭内暴力）などに24時間対応した，多言語（地域にもよりますが，ソウル市内のあるセンターでは8言語）による緊急コールセンターも設置されています。ここでは，母語による種々の相談も受けつけています。これらに対応するのは，ほとんどが結婚移住女性の先輩とのことです。もちろん，有給で，一般の韓国女性の給与水準と変わらない額が支給されるそうです。

2) 韓国のある結婚移住女性支援活動の事例

2010年9月，わたしを含む韓国での外国人受け入れ施策の調査研究班は，前年秋に引き続き，数日間の調査旅行を実施しました。今回の調査では，韓国

の外国人受け入れは政府やマスコミ，市民のそれぞれにおいて，かなり本気で取り組んでいるという感触が得られ，充実したものとなりました。これらの調査のうち，一番はじめに訪れた，ソウルの下町地域で多文化家族支援を行っているある NGO の取り組みについてのみご紹介したいと思います。以下，まず伺った概要をまとめてみます。

　このNGOは，1990年代半ばに一般の韓国人のお婆さんたちの「識字教室」として始まった。文字の読み書きを学ぶことで，大人としての自尊心の回復を目的とした。1998年くらいから移住労働者が増えてきて，人権問題として韓国語習得支援教室の活動が始まった。結婚移住女性も増えてきて 2003 年にこれらの女性も韓国語教育の対象者とした教室を開講した。日本，モンゴル，中国，ベトナム，フィリピン，イラン，バングラデシュ，インドネシアなどから来た人々が学んでいる。しかし，ここでの目的は韓国語を習得することではなく，結婚移住女性に対しても，あくまで自尊心を回復してもらうことを目的としている。そのため，近くに図書館を開設して多言語の絵本，童話を揃えている。さまざまな国につながる母親が子どもを連れてきて，母語の絵本や童話を読んでやっているとき，「母親をしている」という実感で顔が輝く。ぜひ図書館も見てほしい。運営全般については国の助成金をもらうと国の姿勢に影響される可能性が出るので，主に会員による会費収入によっている。一つ一つの事業については，こちらの意向と国の意向が合えば助成事業として資金を得ることもある。

　このNGOの主宰者は40代半ばの男性で，学生時代に韓国の軍政に反対し，民主革命を担った世代です。どうして，多くの市民が会員になって活動を支えているのかと聞きました。市民の多くが民主主義を維持する責任は自分たち国民の一人一人にあるという意識があり，この国の多文化主義に賛同するという意志表明が会員となってこの活動を支えることだと思っているといいます。わたしはこの国民一人一人が国のあり方に責任を持つという意識に感動しました。同時に今の日本はこれでよいのかと思ってしまいました。
　通りに出て 3 軒目のビルの 3 階のフロアーが多言語，多文化図書館になって

いました。八つの言語の絵本や童話がそれぞれの本棚に収められています。また入り口近くのコーナーには，それぞれの言語で書かれた手作りの絵本が国旗をあしらった棚ごとに置かれていました。飛び出す絵本など，どれも真心が込められたお母さんがたの「力作」ばかりでした。二組の母子が床に座って絵本の読み聞かせをしていました。数人の子どもは自分で本を捜したり，捜した本を一人で読んでいました。本棚の横には喫茶カウンターもあり，お母さんと思われる二人がお茶を飲みながら，韓国語で話をしていました。さらに感動したのが，玄関の左手の高い位置に，二つ折りのサイン帳のようなものが並べておいてあったことです。8言語で書かれていて，日本語のものを見ると，左のページの上に「宣言」と書いてあって，その下に「親が，自分の文化と言語を子どもに伝えることは，親としての義務である。…わたしは，子どもに，言語と文化を伝えます。」というようなことが書いてありました。そして，右側が書き込むスペースになっていて，その「宣言」に賛同した親たちのサインが書きつけてありました。これを見て，主宰者の言った，結婚移住女性のお母さんたちに「自尊心を持ってもらうこと」が目的だとの言葉の意味が分かったように感じました。

　日本では，韓国よりも早く本格的な結婚移住女性の受け入れが始まっていながら，いまだ，施策，法律，制度，市民意識のいずれも整備されたり，変化したりはしていません。そちらに向かうためには，ひとえにわたしたち国民が主権者としてこの国のあり方に責任を持つという意識になるかにかかっているのではないかと思いました。

［次回のための宿題］
　日本は少子高齢化が進み，今後労働者は減り続け働けない老人が増え続き，2055年には生産年齢人口の1.3人が一人の高齢者を支える社会になるといいます。現在は行っていない単純労働に従事する外国人の受け入れについて，賛成と反対の立場があります。それぞれどんな理由で，賛成，反対なのだと考えられますか。それぞれの立場から，「一人ディベート」（自分が賛成派，反対派それぞれの立場だったら，どのような理由からそう思うか，また逆の立場の人にはどのような反対理由があるかと，

一人で双方の立場になって考える）をしてみて，その理由をメモにしてきてください。次回，班でそれぞれの意見を出し合って，班の理由をまとめてもらいます。

＊1　1990年，厚生省（当時）が前年時点で算出した合計特殊出生率（計算上一人の女性が生涯にわたって産む子どもの数）が，1.57となったというもの。同省が算出を始めてから，それまで最も低かった1966年の丙午（ひのえうま）の1.58を下まわったことで，「少子化」の危機感が喧伝された。2011年時点で，1.39となっている。

第11回

日本社会のマイノリティ問題・事例学習3
移住労働者

　今回は日本社会のマイノリティ問題の事例の三つ目として，外国人移住労働者について考えます。前回の「結婚移住女性」と表現を合わせると「労働移住者」でしょうが，一般的には「移住労働者」と呼びます。ここでも，そのように呼ぶこともあります。それと今回は「労働者」といっても，いわゆる「単純労働」に従事する人々について考えます。

　まず前回の宿題ですが，各グループでそれぞれの意見を，賛成・反対双方の立場から理由も含めて紹介し，どんな意見が出たかまとめてください。その上で，賛成か反対か，あるいはそれ以外か，できるだけ班の意見を一つにまとめるように話し合ってください。どうしてもまとまらなかったら，複数の意見とその理由を別に発表してもいいです。ちょっと，時間がかかる班もあると思うので，15分取ります。では，世話人，よろしくお願いします。

［前回の宿題から］
　日本は少子高齢化が進み，今後労働者は減り続け働けない老人が増え続け，2055年には生産年齢人口の1.3人が一人の高齢者を支える社会になるといいます。現在は行っていない単純労働に従事する外国人の受け入れについて，賛成と反対の立場があります。それぞれどんな理由で，賛成，反対なのだと考えられますか。それぞれの立場から，「一人ディベート」をしてみて，その理由をメモにしてきてください。

　日本には単純労働に就くための「就労ビザ」といったものがありません。そ

れは，これまで国の政策として，単純労働従事の外国人を認めない方針を採っていたからです。そういうと，「ブラジルやペルーなどから多くの日系人が来て労働現場を支えているんじゃないの？」と質問が出るでしょうね。日本社会はこれらの人々の「労働力」としての面に期待しているのは明らかです。しかし，政府の説明は，日本につながりのあるこれらの人々を「日本人の配偶者等」とか「定住（者）」という在留資格で滞在させていて，これらの「身分上」の在留資格では，活動に制限がないだけだといいます。つまり，日本の在留資格は大きく分けて二つあって，一つは日本国内で行う活動（留学など）のよるもので，これだとほかの活動はできません。もう一つの身分によるものは，活動に制限がないので働いて賃金を得るという「活動」を禁止していないというのです。それと，後で触れますが，これまで，外国人研修・技能実習制度があり，「研修」や「実習」といっていますがやっていることは最低賃金法の適用されない「低賃金労働」なのではないかと，ずっと指摘されてきました（2010年「外国人技能実習制度」に変更されました）。

　日本は，みなさんも知っているように「少子高齢化」で，これから働く人の数（「生産年齢人口」といいます）が減っていくわけですが，それを補うために移住労働者を受け入れるべきだという意見と，それには問題があるという意見と，議論が続いてきました。この授業を履修しているみなさんの多くが，これからの日本社会のあり方の選択に長く関与していく青年なので，自分の問題としてしっかり考えてほしいと思います。それで，宿題をお願いしたわけです。

　どうも，多くの班が日本は移住労働者を受け入れざるを得ないという意見でまとまったようですね。その理由も日本経済を維持したり，発展させたりするためにどうしても労働力が必要で，女性や高齢者の雇用を増やす努力をしても限界があるというものが多かったですね。一つの班だけ，来るものは拒まないが，移民を誘導する必要はないという意見の人が二人いて「両論併記」なのですね。移民誘導が，低賃金労働につながりかねないということですね。しかし，すべての班が，受け入れるに当たって，その処遇を日本人並みにするなど，制度を整備することが条件になるとしていますね。

　なるほど，そうなりましたか。これは，わたしの予想した通りです。わたし

の意見は何かって？　まあ，それは後で述べましょう。その前に，いつごろから移住労働者受け入れについての議論が人口に膾炙するようになったのか，その後の変遷も含めて見ておきたいと思います。

1　日本の移住労働者受け入れ議論の変遷

1)　戦後経済復興期のヨーロッパと日本

　第二次世界大戦中に戦場となったヨーロッパや日本などは，戦後経済復興が進み，1960年代に入ると高度経済成長期に入ります。そこでは労働力が不足します。ヨーロッパではそれらを「移民」に頼ったわけです。その中でも有名なのはドイツのトルコ人移住労働者によるものです。このことはその後のドイツ社会に克服すべき問題を残すことになりました。ここではそれには触れませんが，第2回のフランスやオーストラリアの移民二世，三世の若者が関係している「事件」を思い起こしてください。二世，三世に向けられた激しい偏見と差別による問題と，現在それらへの対応が国家的重要課題となっていることについてです。

　ところで，日本は幸か不幸か，この高度経済成長期の労働力を外国人に頼ることができませんでした。そこで開発されたのが産業ロボットです。今日まで，日本の産業ロボット技術は世界から高く評価されていますが，それはこの時代の人に代わる「労働力」として開発された技術がさらに発展を続けているからです。

　高度経済成長期にもその後の1980年代のバブル経済期にも，外国人をなんらかの形で単純労働に組み込めないかという議論は継続してあったのですが，政府の方針として現在まで一貫して単純労働に外国人は「入れない」という政策を続けています。それは，最初にいったように，日本には「就労ビザ」がないということでも分かると思います。しかし，後で触れますが，外国人「就労者」がいないわけではありません。

2)　日本社会の移住労働者受け入れの議論

　さて，本題に入りますが，そんな日本の状況の中で，はじめて「移住労働者」

受け入れの是非が大きく問われたのが，2000年1月の国際連合経済社会局の推計として日本やイギリスなど先進国の今後の経済と労働人口の推移及びその対策についての発表でした。それによると，少子高齢化が進む日本は1995年時点のGDPを維持しようとすれば，今後2050年までに計3300万人，毎年60万人海外からの移民を受け入れなければならないとするものです。これについては，マスコミも注目し報道したので，産業界を中心に「移住労働者」についての本格的な議論が始まりました。

国際連合経済社会局の推計の報道 (『毎日新聞』2000年1月13日)

> 移民、年60万人受け入れ必要 日本
> 国連推計 労働力減少で
>
> 【ニューヨーク11日共同】先進各国の移民受け入れ問題に初めて焦点を当てた国連の人口動態推計の概要が11日までにまとまり、日本は急速に減少する労働力人口（15～64歳）を維持するため、今後50年間にわたって毎年約60万人以上の移民受け入れが必要との衝撃的な結果が示された。
>
> 同推計は国連経済社会局が日本、米国、英国など8カ国の総人口、労働力人口など2050年までを予測、一定時期の水準を維持するため受け入れる移民数の累計と、毎年ごとの集計をはじき出した。最終結果は3月末に発表される。
>
> 1995年に約8700万人だった日本の労働力人口は、2000年には約8600万人に減少。その後、急激な減少に見舞われ2050年には5700万人まで低下することが判明。95年の水準を経持するためには、2050年までに計3300万人の移民が必要で、平均すると毎年約60万人の受け入れを迫られることになる。
>
> 移民には労働者だけではなく、その家族も含まれる。

その後も，2004年1月，世界経済フォーラムがわずかに規模の拡大を含むほぼ同様の見解を示し，これも大きく報道されました。これらは，いわゆる「外圧」的な形で移住労働者受け入れの検討を迫るものでした。ところが，同年4月，日本経済団体連合会は『外国人受け入れ問題に関する提言』で，「(今後日本人の生産年齢人口が減ると予想されることの)"埋め合わせ"のために，外国人受け入れを進めていこうとは考えていない」とした提言をしました。しかし，それを読むと外国人高度人材とともに単純労働従事者の受け入れも検討すべきだと読みとれるものでした。さらには，同年10月，外務省海外交流審議会答

申では、「単純労働力へのニーズを踏まえ、政府に対して職種を限定するなどの一部解禁策を視野に「国民的合意の形成を図るべきだ」と求めている」[*1]としています。2004年に、日本国内の経済界と行政府がそれぞれ「単純労働」への外国人受け入れを検討していく必要を表明したわけです。

立法府でも、2008年に、いずれも当時の政権与党である自由民主党の二つの議員グループが、違いは大きいものの、「単純労働」への外国人受け入れに関する提言を行っています。その一つが、6月の中川秀直幹事長ら約80人の国会議員からなるグループで、坂中英徳元東京入国管理局長[*2]もブレーンとして参加しています。『人材開国！ 日本型移民政策の提言』として発表しています。もう一つは、7月の長勢甚遠元法務大臣が中心となった自由民主党国家戦略本部外国人労働者問題PT（プロジェクト・チーム）の『「外国人労働者短期就労制度」の創設の提言』です。この二つは、前者が「移民」として受け入れ、可能な限り速やかに日本国籍を取得し日本人として定住・定着させるというものであり、後者は「短期就労」という文言にも反映しているように、有期雇用者として5年を限度として帰国させるというものであり、その性格こそだいぶ違い

高齢者人口の推移と生産年齢人口との比較
（日本経団連2008「(3)さらなる高齢社会への移行」p.4, 図4より転載）

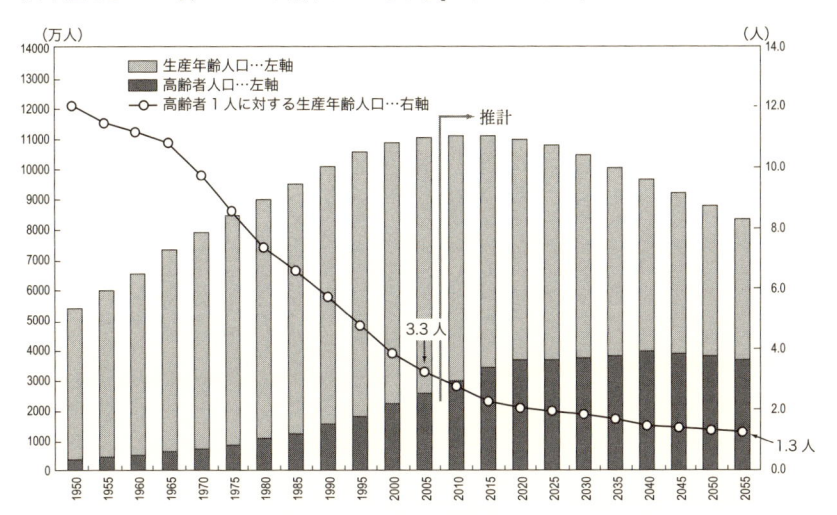

（出典）総務省「国勢調査報告」、「人口推計年報」、国立社会保障・人口問題研究所「日本の将来推計人口（平成18年12月推計）」

ますが，いずれも外国人に労働力を頼る決断をする，つまり，「就労」の滞在を認めるというものです。

さらには，同年10月，日本経済団体連合会が『人口減少に対応した経済社会のあり方』を提言しています。ここでは，はっきりと「2055年には1.3人の生産年齢人口の者が一人の高齢者を支える社会になる」として，日本は外国人労働者を受け入れる方向で検討すべきとしています。

このように，受け入れの議論は，「受け入れざるを得ない」というニュアンスを徐々に強めるように変化していますが，これも日本が得意な「本音と建前」か，実際の「単純労働力」受け入れは「合法的」な形でも着々と進めてきています。次に，実際の受け入れの経緯を見てみたいと思います。

2 日本の「単純労働」現場への外国人受け入れの変遷

その一つが知っている人も多いと思いますが，1989年に改定され，90年に施行された「出入国管理及び難民認定法」（以降，「入管法」）です。そこでは，以前，日本から海外に移住したいわゆる「日系人」に対し，二世は「日本人の配偶者等」，三世は「定住」の資格で在留を認めるというものです。四世については未成年で一世から三世の親族が同伴すれば「定住」の在留資格となります。これは，（特別）永住者，永住者の配偶者と同じく，「身分」として日本に在留することが許可されているので，留学や国際業務など限定された「活動」をするために許可されたものと違い，活動に制限がありません。ということは，就労の制限もないわけです。そして，1990年前後からブラジルやペルー，ボリビア等，南米（一部中米も）から多くの日系人とその家族が来日し，「単純労働」の現場で就労しています。その数は，多いときで30数万人に上りました。2008年の「リーマンショック」といわれる景気後退後も25万人規模の人たちが在留しています。

もう一つが1993年に導入された「外国人研修・技能実習制度」です。こちらも，途上国に日本の優れた技術を移入することを目的としています。当初は，1年間「研修」という資格で技術を学んだ後で，もう1年雇用契約を結んで，

「特定活動」という研修を受けたものと同じ職種で働いて，より業務に熟練することを目指すとしています。その後，「特定活動」が 2 年まで延長され，合わせて最長 3 年間在留許可が下りるようになっています。ところが，マスコミ等でたびたび報道されるようにその多くが，実態は中小零細企業や農家における「低賃金労働」だといわれます。「研修」の 1 年間は，「研修手当」と称して月々 7 万円程度の「手当」が支給されるところが多いようです。マスコミの報道では月々 3 万円といったものもあります。それが「特定活動」に変わっても雇用契約が結ばれないまま，あるいは結んだとしても形式的で，相変わらず「研修手当」と同額程度が支給されることが多いようです。ただ，多くの事業所では，残業（制度としては「残業」は禁止されています）をするとその分がごくわずか加算されるようです。もちろん，制度の目的に応じた研修・実習を行っている事業所もありますが，そちらのほうが少数といわれています。日本では，農業や漁業，林業を含め中小零細の製造業が，途上国や新興国との競争を継続するために，労働コストをできるだけ抑えることが必須であり，そのためにこれらの外国人に頼っているという面が大きいわけです。しかし，その「本音と建前」は，国際機関やマスコミ，政治家，法曹界などを中心に矛盾として指摘されてきました。2010 年 7 月に研修と技能実習を統合した形で「外国人技能実習制度」としました。ここでは，最長 3 年の滞在期間の初年度から雇用契約を結んだ形で OJT（On the Job Training）として実習を行うというものです。もちろん「雇用」なので，最低賃金法が適応されますが，残業も合法となります。厚生労働省は否定していますが，だれがどう見ても「単純労働への就労」です。

　もう一つの問題があります。それはサービス業での問題です。現在はかなり縮小傾向となっていますが，これもアメリカという外圧の影響でそうなったわけです。というと前回（第 10 回）で触れたので気がついたと思います。主にフィリピンから来て「興行」という在留資格で働く女性たちのことです。これも，移住労働者です。その後もアメリカなどの国際人材派遣会社の関与も指摘されていますが，フィリピン及びインドネシアとの経済連携協定（EPA）による看護師，介護福祉士の受け入れも同様に移住労働者の問題です。

　これら実質的な移住労働者の受け入れと，1 で見た政策に関する議論とを併せて年表式にしたのが次のものです。本音と建前とが絶妙に関連していること

が分かるでしょう。

［移住労働者への依存社会化する日本］
1990　　改定「出入国管理及び難民認定法」施行
1993　　技能実習制度開始（当初は最長 2 年，その後，技術研修 1 年，特定活動 2 年に）
2000.01　国連経済社会局（1995 年 GDP 維持 2050 年までに計 3300 万人，毎年約 60 万人）
2004.01　世界経済フォーラム（年間 61 万 6000 人）
2004.04　（社）日本経済団体連合会「外国人受け入れ問題に関する提言」（「"埋め合わせ"のために，外国人受け入れを進めていこうとは考えていない」と明記）
2004.10　外務省「海外交流審議会」答申
2008.06　自由民主党「人材開国！　日本型移民政策の提言」（中川秀直ら約 80 人）
2008.07　自由民主党国家戦略本部外国人労働者問題 PT「『外国人労働者短期就労制度』の創設の提言」（長勢甚遠元法相ら）
2008.08　経済連携協定によるインドネシア看護師，介護福祉士候補者来日
2008.10　日本経済団体連合会「人口減少に対応した経済社会のあり方」提言
2009.01　内閣府に「定住外国人施策推進会議」が発足，小淵優子少子化担当相が担当
2009.05　経済連携協定によるフィリピン人看護士，介護福祉士候補者来日
2010.07　93 年導入の「外国人研修・技能実習制度」を「外国人技能実習制度」に改変

3　移住労働者受け入れ制度整備とコスト

ところで，各班の宿題の発表でも，移住労働者を受け入れるとすれば，日本人と同一の処遇である必要があるとしました。それをよく考えると，「同一労働，

同一賃金」ということだと思います。しかし，どうでしょうか，外国人であれば，日本語での意思疎通や日本の社会慣習や労働慣行などの理解，日本で発揮できる就労業績など，母国でのものと大きく違ってくると思います。であれば，日本人と比べて，労働力として劣っていると評価し，その分賃金も低くてもしようがないとするのでしょうか。それと，生活者としての面でも，同じく日本語でのコミュニケーションの問題，生活習慣の違いの問題など，あらゆる面で多くの「支援」が必要となると考えるべきだと思います。これらに対応して，日本語やさまざまな慣習や制度等の学習の支援にかかるコスト，あるいは第9回で考えたように日本での子どもの発達を保障するコスト，第10回で考えたように，外国人である母親（外国人の父親も含みますが）への支援などのコスト等，日本人と同じように生活するにはかなり多くのコストが必要になります。みなさんは，これらのコストを雇用者側が負担できないとした場合，移住者側が自助努力で賄うべきだと思いますか。また「処遇」面で同一でなくても甘んじるべきだと考えますか。わたしは，第2回で見たように，日本社会に外国にルーツを持つ「底辺層」を作り，そのことによってもたらされるコストを将来にわたって日本社会が払い続けることは回避すべきと考えます。それより，今，必要な支援をしっかりと行い，移住労働者とその家族が，自らの大人としての能力を発揮し，子どもはバイカルチャー，バイリンガルの人材として育って，この国や家族の母国のため，世界のために貢献できる人材になってほしいと思います。そのような意味では，同一処遇とするためのコストは，今，日本社会側が保障すべきと考えます。

　スイスの作家のマックス・フリッシュという人が言った「労働者を呼んだはずが，来たのは人間だった」という言葉が有名になりました。この言葉は，逆に移住労働者とその家族を「人間」として処遇できない国は，外国人に労働力を頼るべきではないということを指摘しているのです。

　ところで，すでに述べましたが，日本は1990年に改定入管法を施行し日系人を労働者として受け入れました。当時の労働省職業安定局が設置した「外国人労働者が労働面等に及ぼす影響等に関する研究会専門部会」（労働省職業安定局編 1992 p.5）が，この日系人労働者の状況を調査し，将来外国人を移住労働者として受け入れるとしたら，日本人労働者を雇用するのと比べどちらのほう

がよりコストがかかるかという試算をし，次のように発表をしています。

　　外国人労働者の雇用に伴うコストを日系人労働者について試算してみると，同種の作業に従事する日本人労働者より低い。しかし，日系人の社会保険加入率が低いこと，住宅に関する費用の負担，日本語研修，安全衛生等に関する特別な措置等を実施している使用者が少ないことから，これらの費用をすべて支払った場合の日系人労働者の1人1カ月当たり労働コストは，日本人の場合に比して高くなる。
　　こうした日系人について，企業が十分な雇用・生活管理面の援助を行えば，日本語講座等地方自治体の負担するコストを抑制する効果があると考えられる。
　　……
　　今後，外国人労働者が増加した場合に，国や地方自治体の負担する社会的コストが増大すると考えられる。また，企業における雇用管理の改善や生活面の援助を促進し，外国人労働者の就労と生活に伴う様々な社会的コストが生じないようにすることが必要である。

　みなさんはこれをどのように解釈しますか。わたしは，これを読む限り，当時の労働省の研究専門部会は，国や自治体の「人間受け入れ」コストの負担を極力減らし，その分の負担を企業に期待していると考えます。もちろんほとんどの企業は，この提言が出されてから20年以上，そのつもりがないことを，何もしないことで示しています。国家と受け入れ企業との双方で，負担する覚悟がなく，移住労働者とその家族の自助努力に期待するとしたら，この国の将来に大きな禍根を残すことになるのは間違いないでしょう。

4　日本の採るべき道――もう一つの経済政策

　さて，いろいろと考えてきましたが，そろそろ「宿題」に関してわたしが考えている移住労働者の受け入れの是非についてお話ししていきましょう。それには，日本の今後採るべき経済政策が大きく関連してくると思うので，まず，